TRABALHO
E
SOLIDARIEDADE

EDITORA AFILIADA

Coleção
Construindo o Compromisso Social da Psicologia

Coordenadora da coleção: Ana Mercês Bahia Bock

PSICOLOGIA E COMPROMISSO SOCIAL

Comissão editorial
Profa. dra. Ana Mercês Bahia Bock
Profa. dra. Bronia Liebesny
Profa. dra. Edna Maria Peters Kahhale
Prof. dr. Francisco Machado Viana
Profa. dra. Maria da Graça Marchina Gonçalves
Prof. dr. Marcos Ribeiro Ferreira
Prof. dr. Marcus Vinicius de Oliveira Silva
Prof. dr. Odair Furtado
Prof. dr. Silvio Duarte Bock
Profa. dra. Wanda Maria Junqueira de Aguiar

Dados Internacionais de Catalogação na Publicação (CIP)
(Câmara Brasileira do Livro, SP, Brasil)

Furtado, Odair
　　Trabalho e solidariedade / Odair Furtado. — São Paulo : Cortez, 2011.
— (Construindo o compromisso social da psicologia)

　　Bibliografia.
　　ISBN 978-85-249-1848-3

　　1. Identidade nacional 2. Políticas públicas 3. Políticas sociais 4. Psicologia social 5. Solidariedade 6. Subjetividade 7. Trabalho e classes trabalhadoras I. Título. II. Série.

11-12184　　　　　　　　　　　　　　　　　　　　　　　　CDD-302

Índices para catálogo sistemático:
1. Trabalho e solidariedade : Psicologia social　302

Odair Furtado

TRABALHO E SOLIDARIEDADE

TRABALHO E SOLIDARIEDADE
Odair Furtado

Capa: Cia. de Desenho
Preparação de originais: Ana Paula Luccisano
Revisão: Amália Ursi
Composição: Linea Editora Ltda.
Coordenação editorial: Danilo A. Q. Morales

Nenhuma parte desta obra pode ser reproduzida ou duplicada sem autorização expressa do autor e do editor.

© 2011 by Autor

Direitos para esta edição
CORTEZ EDITORA
Rua Monte Alegre, 1074 – Perdizes
05014-001 – São Paulo – SP
Tel. (11) 3864 0111   Fax: (11) 3864 4290
e-mail: cortez@cortezeditora.com.br
www.cortezeditora.com.br

Impresso no Brasil – novembro de 2011

SUMÁRIO

Apresentação da Coleção
   Ana Mercês Bahia Bock 7

Prefácio
   Wanderley Codo 11

Introdução 17

1. TRABALHO: DE QUE TRABALHO FALAMOS HOJE E QUAL
   SUA DIMENSÃO EXISTENCIAL? 21
   Mas tudo é tecnologia? 25
   O que é ser brasileiro: cenário da constituição de nossa identidade.. 27
   Somos brasileiros, somos classe C. A constituição da dimensão
      subjetiva da realidade 32

2. A ORIGEM DO TRABALHO HUMANO 41
   Trabalho e labor 50
   Tripalium 59

3. O TRABALHO E A DIMENSÃO SUBJETIVA DA REALIDADE.... 63

4. TRABALHO E SOLIDARIEDADE 99
   Experiências solidárias: a alternativa em debate 106
   Trabalho, solidariedade e o compromisso social da Psicologia ... 112

BIBLIOGRAFIA 121

APRESENTAÇÃO DA COLEÇÃO

A Coleção "Construindo o Compromisso Social da Psicologia" tem sua origem em uma certeza: é preciso ultrapassar o próprio discurso e colaborar para a construção de novos conceitos e teorias, assim como para novas formas de atuação profissional. Ou seja, entendemos que desde o final dos anos 1980 a Psicologia inaugurou um novo discurso: o do compromisso social. Ele significou, sem dúvida, um rompimento com um trajeto e um projeto de Psicologia que se estruturaram no Brasil. Uma profissão importante que não ampliou sua inserção social de forma a vincular-se teórica e praticamente às questões urgentes que atingiam a maior parte da sociedade brasileira. Não que não existissem tentativas, mas as vozes eram poucas (e com certeza fizeram eco).

As mudanças na sociedade brasileira produziram novos ventos na Psicologia. Entidades se constituíram e se construíram fortes; novos campos, como a Psicologia da Saúde e a Psicologia Social comunitária, se instalaram; teorias críticas começaram a ter lugar, mesmo que tímido, na formação dos estudantes. Enfim, pudemos assistir e participar do fortalecimento do vínculo da Psicologia, como ciência e profissão, com a sociedade brasileira.

O discurso do Compromisso Social da Psicologia tornou-se referência para um novo projeto de profissão e de ciência. Não queríamos mais percorrer um trajeto "elitista" e estreito. Queríamos servir à sociedade em suas carências e necessidades a partir da Psicologia.

Hoje, com um discurso bastante amadurecido e com muitas adesões, percebemos que é hora de ir adiante e ultrapassar a expressão da vontade. É hora de produzir conhecimentos (teorias e práticas) que permitam o avanço do projeto do Compromisso Social. Alguns aspectos se mostram como necessários: um deles é a aliança da pesquisa com a prestação de serviço. É deste lugar e desta forma que queremos produzir a competência técnica que o compromisso social exige. Outro aspecto importante é fazer isso em experiências interdisciplinares ou transdisciplinares. O novo projeto exige leituras complexas, e isso só faremos nos reunindo a outros profissionais e pesquisadores que trazem suas leituras para tornar as nossas mais ricas e completas. Um terceiro aspecto (não ouso dizer último, pois tenho a certeza de que são muito mais que os mencionados) é a tarefa de levar nossos saberes e fazeres para serem aplicados em serviços e pesquisas com populações que nunca ou poucas vezes tiveram acesso a eles. E aqui, relacionado diretamente a esta experiência, essência do compromisso social, reafirma-se a importância da disposição permanente de mudar nossas certezas.

Meus caminhos pela Psicologia me permitiram a certeza de que muitos profissionais da Psicologia ou de áreas afins já estavam, no cotidiano de seu trabalho, formulando e desenvolvendo novas possibilidades. Era preciso fazer circular estas experiências. Foi com esta intenção que, em nome do Instituto Silvia Lane — Psicologia e Compromisso Social — apresentei à Cortez Editora o projeto de uma coleção que permite a sistematização e a circulação de títulos que representam áreas em que as urgências se colocam e nas quais profissionais já apontaram novas possibilidades, fazendo avançar o projeto do compromisso.

A Cortez Editora recebeu o Instituto Silvia Lane como parceiro, e aí está o resultado: uma coleção com títulos diversos e de muitos autores. Um corpo editorial formado por membros do Instituto aprovou o projeto e os títulos. Pareceristas convidados pelo Instituto apreciaram as obras, opinaram, sugeriram e agora prefaciam os livros da coleção. Eu tenho o orgulho de organizar a coleção e apresentar cada obra aos psicólogos, professores, pesquisadores e estudantes que seguem construindo seu caminho na Psicologia e em áreas afins, guiados pela vontade de manter com a sociedade brasileira um compromisso de transformação e de construção de condições dignas de vida para todos.

Todos os livros desta coleção unem-se pela proposta mais ampla de desenvolvimento do projeto do Compromisso Social. Também apresentam em comum sua organização, por sua temática e sua necessária leitura crítica; além disso, contêm referências para uma nova prática em seu campo e sugestões de atividades e de leituras que podem diversificar o trabalho. A ousadia de duvidar das certezas e de dar visibilidade a aspectos da realidade pouco conhecidos ou considerados unifica os autores em um único estilo.

Agradeço aos autores que confiaram a mim sua produção e aos pareceristas/prefaciadores que com tanta atenção e competência ampliaram meu trabalho.

Ana Mercês Bahia Bock
Organizadora da Coleção

PREFÁCIO

Re-encontrando o sujeito e a subjetividade

> *O ser humano só é humano porque os signos ficam; signo-ficare, significado, consciência, linguagem, moral, ética e o que mais caracterize o ser humano, o que mais nos distinga do animal, se inicia e retorna na construção de significado.*

É através do trabalho que os signos ficam, por isso sabemos que é o trabalho que nos distingue dos animais. A psicologia é a ciência do ser humano por excelência, do indivíduo. Se é o trabalho que forja, ontogenética e filogeneticamente, o ser humano, então o trabalho deveria estar, desde sempre, ocupando um papel de categoria central de análise dentro da teoria psicológica, certo?

No entanto, e de forma antipática citando a mim mesmo, não é o que se vê: "Se fosse possível sintetizar a imagem do ser humano que a Psicologia e a Psiquiatria vêm desenhando em todos esses anos, teríamos um quadro bastante semelhante ao dos modernos personagens de telenovela: o 'Homo Psicologicus' é um animal que não trabalha, sempre envolvido em intermináveis conflitos familiares, às voltas com paixões ou à procura das mesmas, onde pais e filhos se divertem em intertransformar-se. Quando a vida insiste em introduzir o trabalho como problema para o ser humano, o psicólogo ou psiquiatra insistem em minimizá-lo, transformam o patrão num ardil, numa metáfora que significa o pai. Em resumo, o saber psicológico se mantém pudicamente afastado das relações de produção, ou seja, do homem concreto, e tem se exilado na família como único instrumento de análise social do homem" (Codo, *Indivíduo, trabalho e sofrimento*. São Paulo: Brasiliense, 1991).

Marx alude a isso em *O capital*; a Psicologia se torna, assim, a ciência da vulgar necessidade ao esquecer na sua análise o homem, o que o torna humano.

Alguns colegas gostam de atribuir esse fato inelutável a uma espécie de vocação perversa da Psicologia: estaria mancomunada com o capital, à espreita dos operários, pronta a cooptá-los ante o menor desvio. Não foi.

A Psicologia se afasta do ser humano ao tentar compreendê-lo, por mera ignorância, por olhar para os fenômenos na sua primeira aparência, por estar impedida, pelo seu método caolho, de ultrapassar a primeira aparência.

Senão vejamos.

A Psicologia surge durante a segunda revolução industrial; tempos de Taylor e Ford, tempos em que o trabalho era transformado em força de trabalho, trabalho alienado, denunciava Marx. O que é o trabalho alienado? Ali o gesto criador de si e do mundo é transformado em comportamento repetitivo, na fragmentação *ad infinitum* da mesma tarefa sem sentido. Pela via da alienação o ser humano produz centenas de carros por mês e não sabe fazer um carro. O trabalho alienado é alienado porque roubou do trabalhador o significado do trabalho. Sim, aquele mesmo que o hominiza.

Marx avisou: o homem passa a se sentir um animal no trabalho e um ser humano quando realiza suas atividades animais, por isso "foge do trabalho como o diabo foge da cruz". A Psicologia, jovem ciência em busca da compreensão do indivíduo deitado em seu divã, também foge do trabalho como o diabo foge da cruz. O sujeito a quem o psicólogo se dirige e diz "me fale sobre você" é o sujeito que se realiza enquanto tal ao comer, dormir e fornicar. Claro que a Psicologia vai se dedicar ao animal do homem, sinônimo de liberdade do ser humano alienado. Claro que a nossa ciência vai desenvolver uma autêntica obsessão pela fornicação e um solene e solerte desprezo pelo trabalho.

Só conheço uma maneira de a Psicologia escapar deste *dolce far niente* em que foi encalacrada pela própria ignorância: o marxismo. Foi Marx quem recuperou a ontologia do ser social. Nas palavras de Lukács, trouxe o homem para o centro de si mesmo através do trabalho. É nele que devemos buscar a compreensão da ontogênese e da filogênese do indivíduo.

Mas a opção pelo marxismo é também um labirinto cheio de armadilhas. Poucos são detentores do fio de Ariadne. Para muitos e muitos psicólogos de orientação marxista coube o minotauro. É que, como todos os grandes autores, Marx não foi assassinado pelos inimigos, ao contrário, os inimigos fortalecem e fazem crescer os músculos de uma boa teoria. Marx foi assassinado pelos próprios filhos, sofreu um parricídio.

Não quero e não devo aqui ressaltar as tolices que se dizem em nome de Marx por parte da esquerda contemporânea; seria um prefácio maior que o livro, com a desvantagem de ser enfadonho. Mas devo sim falar dos filhos próximos, contemporâneos ou quase contemporâneos de Marx.

O primeiro parricídio que vitimou Marx foi o de Engels, e o segundo, o de Lenin. Essa afirmação exige demonstração.

Engels

Nas teses contra Feuerbach, as mesmas onde Marx declara: "Os filósofos têm apenas interpretado o mundo de maneiras diferentes; a questão, porém, é transformá-lo." Logo, a primeira tese aponta sem rodeios para o essencial.

"A principal insuficiência de todo o materialismo até aos nossos dias — o de Feuerbach incluído — é que as coisas, a realidade, o mundo sensível são tomados apenas sobre a forma do objeto ou da contemplação; mas não como atividade sensível humana, práxis, não subjetivamente. Por isso aconteceu que o lado ativo foi desenvolvido, em oposição ao materialismo, pelo idealismo — mas apenas abstratamente, pois que o idealismo naturalmente não conhece a atividade sensível, real, como tal. Feuerbach quer objetos sensíveis realmente distintos dos objetos do pensamento; mas não toma a própria atividade humana como atividade objetiva... a práxis é tomada e fixada apenas na sua forma de manifestação sórdida e judaica. Não compreende, por isso, o significado da atividade 'revolucionária', de crítica prática."

Eis a questão: Marx se funda, de um lado, na crítica ao idealismo hegeliano — "é a vida real que cria a consciência, não a consciência que cria a vida real" — e, do outro lado, na crítica ao naturalismo de Feuerbach — "O que falta ao materialismo de Feuerbach é o homem".

E Engels? Escreveu *Dialética da natureza*, em que afirma que a transformação do oxigênio em água em um êmbolo de injeção é um fenômeno dialético e que um papagaio que aprende os palavrões é tão humano quanto uma lavadeira de Berlim. Sim, Engels é tão naturalista quanto Feuerbach.

Ocorre que foi Engels que montou o segundo e terceiro volumes de *O capital* baseado nos *Grundisses*. Um cotejamento precário dos dois textos revela imediatamente uma diferença significativa: nos *Grundisses* uma preocupação recorrente é o indivíduo, particularmente ao discutir dinheiro e relações de troca, pois Marx sabia que é na moeda e nas formas de troca que a individualidade se desenha, se constrói. Toda essa discussão desaparece na versão de Engels do pensamento de Marx, a concepção tacanha de Engels não poderia admitir a subjetividade.

Lenin

Lenin transformou o marxismo em um arsenal de guerra; tinha como inimigos todos os capitalistas do mundo e como aliado quase em solilóquio Karl Marx. A grande arma do capitalismo era a defesa do individualismo travestido na defesa do indivíduo. Lenin fez o possível, expulsou qualquer menção ao indivíduo do marxismo que escreveu. Tanto assim que, já no poder, tece loas a Pavlov, o mesmo que afirmou que só compreendeu o fenômeno do reflexo condicionado quando proibiu os cientistas em seu laboratório de utilizar qualquer termo de Psicologia.

Sob Lenin, a Psicologia era uma ciência burguesa, nasceu e desapareceria com ela. O indivíduo, um preconceito a ser combatido. As respostas sobre o sujeito deveriam ser buscadas apenas nos fenômenos fisiológicos, naturais.

Eis outro parricídio, idêntico ao anterior; Marx assassinado pelos filhos naturalistas.

Antevê-se, mas deve ser frisado, que essas distorções foram trágicas para todo o movimento de esquerda que se seguiu, fundando inclusive, plano da teoria, as escabrosas investidas de Stalin. A eliminação do sujeito na teoria facilitou a eliminação do sujeito na política, perverteu os ideais libertários, os travestiu da mais sanguinária ditadura, em última instância, o Estado ao invés do sujeito.

Eis o que Odair Furtado vem fazer aqui. Dupla missão:
1. Resgatar a Psicologia do cipoal da vulgar necessidade. Recuperar no indivíduo o que lhe é próprio: o trabalho; apesar da alienação que nos ronda pós-início do capitalismo e das formulações estapafúrdias com que a Psicologia se divertiu até agora. Devolver o indivíduo à construção de si mesmo.
2. Retirar a subjetividade do gueto em que o idealismo ou o positivismo ingênuo da Psicologia a trancafiou. Recuperando a construção objetiva, material, concreta do sujeito e da subjetividade.

Ver-se-á quanto de novo comparece na trama teórica, quanto de surpreendente pode enfim ser adivinhado nas formulações, quanto de ciência real se produz quando iludimos as armadilhas da falsa consciência.

Sim, muito da Psicologia que sujam folhas e mais folhas de papel são falsa consciência. Ideologia, sabemos, é o nome disto.

Pressupor que as necessidades vulgares são a tradução da alma é colocar toda a Psicologia de ponta-cabeça; retomar o papel ontológico do trabalho é entender o ser humano em pé, o mesmo ser humano sobre o qual Lenin observou: "Sim, é claro que é preciso sonhar, mas é preciso ter a cabeça nas nuvens e os pés solidamente plantados no chão."

Sim, a solidariedade é um bom caminho para realizar a empreita. Porque a solidariedade expulsa do trabalho a força de trabalho, vai buscar o significado ali onde ele sempre esteve, na maravilhosa aventura de criar um mundo com a cara de todos nós, de criar a própria consciência que cria.

Como em *Arena conta Zumbi*: "Liberdade não é encostar o corpo não. Liberdade é o trabalho que dá, mas o trabalho só é bom quando é ele pra nóis e não nóis pra ele".

Ver-se-á.

WANDERLEY CODO
*Doutorado em Psicologia Social pela
Pontifícia Universidade Católica de São Paulo.
Professor titular da Universidade de Brasília*

INTRODUÇÃO

Trabalho e solidariedade é um binômio importante para a discussão de uma alternativa da forma de reprodução da própria humanidade. Poderíamos dizer que o início de nossa trajetória econômica de reprodução das relações de produção ocorreu de forma colaborativa e compartilhada. Os primeiros caçadores e coletores humanos realizavam suas atividades coletivamente e repetiam um comportamento ancestral, mas, no processo, foram adquirindo consciência da importância e eficiência do trabalho coletivo. Leontiev (1978), ao exemplificar a capacidade humana consciente, aponta que a caça praticada com o método do batedor (pessoa que irá espantar a presa batendo na vegetação), que foi utilizado pelo homem pré-histórico, só foi possível porque havia a compreensão da finalidade da atividade (abater o animal) e somente era possível quando realizado por um conjunto de pessoas que combinaram previamente seus objetivos.

Em um determinado momento de nossa história, esse processo passou a ser atravessado pelas relações de classe e o trabalho mudou de figura. Passou a se configurar como trabalho explorado, motivado pelos interesses do grupo dominante que subjugava outro segmento que trabalharia sem acesso à acumulação que resultava do que foi produzido. Essa história nos remete a mais de nove mil anos e não temos detalhes do momento em que isso passou a ocorrer. Mas passou a ser a forma dominante até os dias de hoje, apesar de organizada de formas específicas em cada momento histórico.

Nosso interesse é discutir como as práticas inseridas no trabalho, atravessadas pelas relações de classe, produzem formas de convivência social e significados correspondentes contraditórios, com maior ou menor espaço, a depender da condição concreta de que se trata, para o desenvolvimento de valores na direção de todos ou de alguns, dos coletivos ou de determinados indivíduos. Mais especificamente, pretendemos discutir a solidariedade em uma perspectiva histórica.

A cultura humana atual e em muitos momentos da história valorizou algo que poderíamos identificar como solidariedade. Algumas vezes de forma abstrata, já que exigia "solidariedade" daqueles que estavam sendo explorados. Em outra direção, a solidariedade de classe representou uma alternativa que permitiu minimizar os efeitos da exploração.

São muitas as histórias relatadas através de mitos, lenda e crenças que remontam a um passado longínquo. Histórias como a do escravo Spartacus, que liderou uma revolta contra o Império Romano por volta de 70 a.C., ou da libertação do povo hebreu no antigo Egito trazem a marca da luta contra a tirania e têm como sustentação uma noção de solidariedade, no sentido de benefícios iguais para um coletivo. Toda a cultura religiosa moderna — cristianismo, budismo, islamismo — mantém e reformula a noção de respeito ao outro como uma marca humana; e no período moderno da história, inaugurado com a Revolução Francesa, uma marca importante foi a noção de fraternidade, que permite elaborar a noção de coletivo através da conceituação de cidadania de uma forma nunca antes vista.

Nos dias de hoje, essa noção continua presente e se junta às noções de altruísmo que representariam a distinção humana. Entretanto, o que a história das sociedades de classes nos mostra é que essas noções, contraditoriamente, poderiam representar interesses dominantes, ideologicamente encobertos; ou formas de resistência e contraponto à exploração.

Assim, embora em cada período histórico seja possível identificar experiências que mostrem o exercício de uma prática social que aponta para interesses coletivos, experiências que organizam diferentes grupos em direção a objetivos comuns, objetivos que caminham na direção de um bem comum, experiências que poderiam ser identificadas com o que hoje chamamos de solidariedade, percebe-se, entretanto, que essas experiências têm conteúdos diferentes, expressos no simbólico das significações presentes em cada contexto. São valores e significados constituídos historicamente e que tornam essas experiências próprias de cada época. O que se passa hoje com a noção de solidariedade? O que ela representa?

Entendemos que na base dessas construções está a forma como a sociedade se reproduz a partir da organização do trabalho. A análise que propomos aqui é sobre o trabalho na sociedade capitalista contemporânea e sobre o tipo de experiência histórica que ele possibilita. A partir da referência do trabalho, propomos uma análise sobre experiências atuais de solidariedade. Tais experiências poderiam representar um enfrentamento da atual situação de trabalho precária, alienante?

A princípio, podemos dizer que, efetivamente, a solidariedade não faz parte do modo de vida capitalista e seu exercício é marginal do ponto de vista do nosso cotidiano. Não há solidariedade em uma linha de produção numa fábrica, na disputa de cargos entre executivos, nos enfrentamentos de uma torcida num estádio de futebol e assim por diante. Casos que expressem solidariedade são raros e quando ocorrem viram notícia, como vemos em situações de tragédia (as ambientais, por exemplo) em que pessoas arriscam a própria vida para salvar a de outra pessoa.

Assim, falar em solidariedade e trabalho é quase um paradoxo. O sistema capitalista está baseado na competitividade e suas regras obedecem a esse parâmetro. A competitividade é uma marca presente no cotidiano das relações sociais no mundo em que vivemos, e a solidariedade fica reservada para os momentos de transcendência humana, quando nos elevamos acima das regras que obedecemos e reproduzimos, mas que sabemos, nos levam a nossa própria desumanização.

Mas, o que representariam, então, as práticas que têm como princípio a solidariedade? Em que medida elas podem impor a perspectiva dos trabalhadores, na direção de um questionamento da ordem dominante?

Neste livro, nosso objetivo é a discussão das condições de trabalho do ponto de vista do trabalho abstrato (a forma como o fenômeno se apresenta em nosso cotidiano) e do trabalho concreto (a forma como ele nos engendra como seres humanos) e o apontamento de possibilidades de superação das formas como hoje ele se apresenta. A solidariedade foi a melhor qualificação que encontramos para práticas alternativas hoje desenvolvidas, que vão desde o cooperativismo popular e da recuperação de fábricas até a agricultura familiar, estando todas sobre a égide da Economia Solidária. Para tanto, vamos inicialmente fazer uma discussão ampla das condições existenciais da vida no atual período do capitalismo e suas perspectivas, para que seja possível uma discussão mais profunda sobre a formação da consciência a partir do mundo do trabalho e, a seguir, discutiremos as dimensões subjetivas constituídas a partir das relações objetivas (trabalho) e a construção de uma superestrutura que lhe dê suporte. Por fim, voltaremos à discussão que dá nome a este livro, apresentando e analisando experiências concretas de superação da naturalização da noção de competitividade e avaliando as possibilidades concretas da construção de um mundo mais solidário.

Para a realização desta pequena obra, contamos com a colaboração solidária de muitos amigos e agradeço particularmente àqueles que comigo discutiram o tema e revisaram o texto, como foi o caso de Bernardo Porodi Svartman, João Henrique Rossler, Maria da Graça Gonçalves, Terezinha Martins dos Santos Souza e, especialmente, a Wanderley Codo pela leitura e por prefaciar este livro. A Ana M. B. Bock que o fez por dever de ofício, mas que carrega nessa leitura uma vida comum de trabalho e amizade. Aos meus orientandos e aos companheiros e companheiras do Grupo de Psicologia Sócio-histórica da FACHS/PUC-SP, que comigo discutem o tema do trabalho e da solidariedade praticando esta última como resposta política a um mundo que pede pela sua transformação, e a minha companheira Lumena A. Castro Furtado, que me ensinou o sentido da solidariedade e ao mesmo tempo exerce uma crítica implacável, impedindo meus desvios.

1

TRABALHO: DE QUE TRABALHO FALAMOS HOJE E QUAL SUA DIMENSÃO EXISTENCIAL?

A partir do final dos anos 1980, sem que seja necessário fazer um esforço de pesquisa bibliográfica e da própria memória, podemos dizer que o trabalho foi um tema central na discussão sociológica, econômica, psicológica. As mudanças estruturais no mundo do trabalho (Antunes, 2004) pautaram tanto a reorganização das relações de trabalho quanto a possibilidade do seu desaparecimento na forma que o conhecemos desde a primeira Revolução Industrial. O desemprego crônico, fenômeno bem conhecido no mundo pobre, passou a rondar o mundo rico, particularmente o europeu. Mas tratava-se de um desemprego de outra ordem, um desemprego de cunho tecnológico. O avanço tecnológico e, principalmente, a automação, a Tecnologia da Informação e da Comunicação (TIC), passaram a ocupar o lugar do trabalhador, eliminando postos de trabalho.

Ao mesmo tempo, o mercado deixou de ser um mercado local e ganhou caráter mundial. Com essa mundialização do mercado, com a facilidade oferecida pelo ingresso da TIC na planta da fábrica e com a globalização do sistema financeiro com a sua dolarização, o mundo se transformou na aldeia global preconizada por Marshall Mcluhan (1996). Certamente Mcluhan não sonhava com um mundo tão conectado como o atual com seus *Skypes*, *Messengers*, *E-Mails*, *Twitters* e toda sorte de produtos de conexão instantânea em qualquer canto do planeta, mas essa é a base tecnológica para a realização de sua profecia.

O trabalho e o trabalhador mantiveram seu perfil (de base Taylor-fordista) inalterado durante todo o período da primeira e segunda Revolução Industrial. As fábricas da década de 1980, que marcavam o fim dessa era, eram mais modernas que as fábricas do século XVIII, mas não eram qualitativamente diferentes. As imagens transmitidas pelas narrativas dos cronistas da época, alguns citados por Karl Marx em *O capital*, eram facilmente comparadas com a dos trabalhadores em uma moderna fábrica de trinta anos atrás. Os trabalhadores nas tecelagens inglesas do século XIX, ou o operário interpretado por Charles Chaplin, no seu clássico *Tempos modernos*, ou um operário numa montadora em São Bernardo do Campo em 1970, polo industrial do estado de São Paulo, mantinham grandes semelhanças. Nada parecido a uma linha de produção dessa mesma montadora hoje completamente automatizada com seus robôs trabalhando no lugar dos operários.

Linha de montagem automatizada da Ford (Brasil). Disponível em: <http://www.atarde.com.br/fotos/index>. Acesso em: 20 jul. 2010.

Mas é possível falar em trabalho quando nos referimos à ação dessas máquinas? O fato de serem máquinas inteligentes, no sentido dado por Norbert Wiener (1970), criador da *Cibernética*, nos permite compará-las com os operários das antigas fábricas (muitas funcionando da mesma forma ainda hoje)? Será o robô uma extensão humana como é uma alavanca? Arquimedes falava "dê-me uma alavanca e um ponto de apoio e eu moverei o mundo": era aqui que chegaríamos? Trata-se de uma questão que nos remete para a própria condição de existência do ser humano e, deste ponto de vista, não é uma questão nova.

Essa discussão foi aberta muito antes do próprio advento da automação da linha de produção. Júlio Verne projetou uma ideia de futuro que constituiu o imaginário de muitas gerações de jovens. O homem de lata que acompanhava a personagem interpretada por Judy Garland em *O mágico de Oz* (1939) também colocava a questão em pauta; o homem de lata buscando um coração era uma espécie de robô *avant la lettre*. Mais recentemente, Spielberg em *Inteligência artificial (IA)* e, antes dele, Ridley Scott em *Blade Runner*, colocaram a questão de forma brilhante. Se as máquinas ficarem tão parecidas com os humanos, elas não se transformarão em seres humanos?

A questão procede e não é desprezível. Hoje empresas japonesas, mas não somente elas, estão muito próximas da fabricação de robôs com feições humanas e com habilidades para realizar o trabalho doméstico. É a previsão do filme *Blade Runner* que tem no centro da trama uma empresa — a Tyrrel Corporation — que fabrica androides (robôs com características humanas) cada vez mais poderosos e com mais recursos. Mas a questão existencial colocada pelos dois filmes (*Blade Runner* e *IA*) é a que mais nos toca. A adoção realizada com a compra do menino robô, em *Inteligência artificial*, que não sabia que era robô e desejava ser filho reproduzindo tensões existenciais típicas da adoção, ou a cena dramática do encontro do caçador de androides, Deckard, com o replicante (termo que designava o androide que quebrava a ordem imposta) no momento culminante da perseguição do policial ao robô humano, quase humano, quase robô, parafraseando Veloso e Gil na música *Haiti*.

Em alguns momentos o espectador passa por uma situação curiosa assistindo tanto a *Blade Runner* quanto a *Inteligência artificial*. O sofrimento existencial de quem é robô, mas pensa que é humano, nos coloca na posição de antropomorfizar psicologicamente a máquina (mesmo porque, trata-se de um ator humano interpretando uma máquina). No caso de Rachel e Deckard, personagens centrais do filme *Blade Runner*, não há nada que os diferencie a não ser o fato de terem sidos fabricados e de não terem um passado, daí a necessidade do implante de uma memória qualquer para que ele tenha essa impressão do tempo vivido.[1]

---

1. Recentemente, foi divulgada a notícia da produção artificial de uma hélice de DNA que foi implantada em uma bactéria e esta se reproduziu. Assim, foi criada vida dentro de

O que ocorrerá conosco quando for possível comprar numa loja virtual um robô para tarefas domésticas com aparência humana e capacidade de entender ordens, discutir assuntos, cuidar do almoço das crianças? Quando estivermos solitários vamos buscar sua companhia? Vamos convidá-lo para assistir à TV juntos?

Do ponto de vista do trabalho realizado no chão de fábrica, que tem um passado penoso e que hoje passa a ser desempenhado por braços mecânicos, teremos um futuro como o imaginado pela ficção? Estaremos vislumbrando a primeira etapa do fim do trabalho penoso para humanos?

Há um fato novo neste início de século no mundo do trabalho, o setor de serviços cresce de forma exponencial e o trabalho na indústria vem diminuindo paulatinamente. Isso representa uma migração não somente de setor, mas de mudança na qualidade da exploração da força de trabalho. O cenário do *Blade Runner* não é dos mais otimistas no que tange ao uso da força de trabalho. Na ficção, o mundo em 2020 estará definitivamente globalizado, as línguas se fundirão e veremos uma multidão que se aglomera nas ruas entre as barracas dos vendedores ambulantes que trabalham com alta tecnologia (ao menos para quem viu o filme em 1980) — o mundo parece não ter sido muito generoso com os trabalhadores nesta visão do futuro. O capitalismo potencializou seus esquemas de exploração e a depauperação atinge todo o planeta. Os robôs reivindicam uma humanização que os próprios humanos estão perdendo. O mesmo ocorre em *Inteligência artificial* quando gladiadores do futuro destroem o que sobrou dos robôs que foram abandonados porque saíram de linha, numa espécie de parque de diversões clandestino que é o próprio circo dos horrores. Ali a intolerância e o preconceito são exercidos sem qualquer pudor já que a vítima não é gente, mas é quase gente, numa clara metáfora de como são tratados, atualmente, os grupos que sofrem preconceito. Uma leitura do futuro que reproduz o que de pior já produziu a humanidade com suas experiências do exercício da intolerância, quando considerou que algum tipo de gente valeria menos que as demais.

---

um laboratório. Isso altera essa imagem de que os robôs serão construídos em série numa fábrica. Eles provavelmente serão gestados e, assim, estamos mais próximos do que ocorre em o *Admirável mundo novo*, de Aldous Huxley.

Será esse o futuro da força de trabalho? A degradação cada vez maior das atividades menos valorizadas pelo capital e a segregação dos mais pobres? E se neste exercício futurista, imaginado pela ficção cinematográfica, incluíssemos as formas de repressão? Lembram-se do *Robocop*? Uma polícia privatizada que agia em função de seus interesses comerciais e que utilizava a tecnologia para manter a ordem, a sua ordem.

Futuro promissor ou trágico? Com emprego ou sem emprego? Além da ficção, a ciência nos permitirá prever a perspectiva do trabalho no futuro próximo?

Mas tudo é tecnologia?

O problema é muito complexo e o cenário delineado até aqui ainda é bastante incompleto. Vejamos somente um caso, sem as devidas comparações entre diferentes países, que garantiria um cenário mais abrangente: o caso brasileiro.

Ao falar de reestruturação produtiva e da aplicação da automação à linha de produção substituindo força de trabalho humana por força robótica controlada a distância, estamos falando da indústria brasileira. Entretanto, não é essa a realidade de todo o nosso mercado de trabalho. O trabalho penoso está longe de ser erradicado. Basta notar que somente 50% da PEA (População Economicamente Ativa) está no mercado formal de trabalho. As condições de trabalho no Brasil reúnem a mais avançada tecnologia e as condições mais precárias de trabalho. Há ainda no país um contingente de pobreza considerável e 14% da PEA está no mercado informal de trabalho.

Na condição de pobreza e de mercado informal, encontramos gente em condições que não são compatíveis nem mesmo com o alvorecer das relações de trabalho capitalistas. Convivemos com trabalho semiescravo em fazendas e com crianças trabalhando na fabricação de carvão. Um número enorme de pessoas se dedica a tarefas desumanas para produzir o mínimo de renda que as mantém vivas. Um exemplo disso pode ser visto todos os dias nos arredores do Mercado Municipal da cidade de São Paulo. Uma bela construção do início do século XX bem conservada e ponto turístico importante da cidade. A região foi, desde os tempos coloniais, o entreposto de alimentos da cidade. A primeira gravura que retrata São Paulo, em 1821, mostra a região central da cidade, tendo o Pátio do Colégio como referência, a partir da várzea do rio Tamanduateí. Na encosta do morro em que fica o Colégio dos Jesuítas até o Porto Geral foi edificado o antigo mercado (1860), onde hoje passa a famosa rua dos Atacadistas, a Rua 25 de Março. Esse antigo mercado deu lugar ao mercado atual em 1920.

Panorama da cidade de São Paulo, visto do Rio Tamanduateí, c. 1821-22. Arnaud Julien Pallière.[2]

Antes da construção do atual entreposto de distribuição de alimentos na região da Vila Leopoldina (Ceagesp), na zona oeste da cidade e próximo à marginal Pinheiros (cinturão rodoviário que delimita o centro estendido da cidade), era essa região central a que cumpria o papel do abastecimento da cidade e era conhecida como zona cerealista. O Mercado Central mantém sua vocação atacadista e é um importante distribuidor de especiarias e de produtos alimentícios de qualidade. Restaurantes caros da cidade recorrem aos seus produtos. Assim, parte da zona cerealista se manteve nessa região central. Junto a ela encontramos os que se beneficiam de seu entorno: gente que coleta os restos de alimentos dispensados durante o desembarque, carregadores que ganham por dia ou por tarefa sem qualquer vínculo empregatício, gente que toma conta dos carros, vendedores ambulantes que aproveitam o enorme fluxo de pessoas nessa região

---

2. Imagem extraída de REIS, Nestor Goulart. *Imagens de vilas e cidades do Brasil colonial*. São Paulo: Edusp, 2001. A torre à esquerda pertence à igreja do Colégio dos Jesuítas, que nesta época servia como sede do governo paulista. As construções à direita são do Porto Geral e local do futuro Mercado que foi construído em 1860 na rua Baixa de São Bento, que a partir de 1865 ficou conhecida como 25 de Março (TOLEDO, Benedito L. *São Paulo três cidades em um século*. São Paulo: Cosac & Naify/Duas Cidades, 2004).

oferecendo de tudo um pouco, cruzando o trânsito engarrafado. Trata-se de um contingente humano que está no limite da pobreza e que nos lembra as pessoas que vivem de luz, lá no Brejo da Cruz, retratadas por Chico Buarque:

> Uns vendem fumo, tem uns que viram Jesus, muito sanfoneiro cego cantando *blues*...

A megalópole, centro do capital brasileiro, reúne a mais alta tecnologia e o trabalho mais sofisticado, mas também as formas mais ultrajantes de garantir a sobrevivência.

A letra de Chico Buarque continua:

> [...] Mas há milhões desses seres; Que se disfarçam tão bem; Que ninguém pergunta; De onde essa gente vem; São jardineiros; Guardas-noturnos, casais; São passageiros; Bombeiros e babás; Já nem se lembram; Que existe um Brejo da Cruz; Que eram crianças; E que comiam luz.

E assim o compositor, poeticamente, elabora um retrato de classes, de camadas sociais a partir da pobreza e das oportunidades oferecidas pelo centro do capital brasileiro. Os miseráveis, população abaixo da linha da pobreza que vive numa situação limite, sobrevivem em situação precaríssima; o outro segmento citado pelo poeta, que tem a mesma origem, mas que escapa dessa situação quando é aproveitado como mão de obra, principalmente no setor de serviços. O esquecimento da sua origem, do Brejo da Cruz, é uma metáfora para a construção de uma dimensão subjetiva que nos posiciona no espectro social. Quando aquele que veio do Brejo da Cruz passa a ser um de nós? Quem somos nós?

O que é ser brasileiro: cenário da constituição de nossa identidade

As perguntas nos levam a pensar a própria formação do povo brasileiro e a sua configuração em classes sociais. Sabemos genericamente que somos um país com um imenso contingente de pessoas pobres, que há acúmulo desproporcional de riqueza entre os mais ricos e uma péssima distribuição de renda. A Sociologia e a Antropologia estudaram profundamente este fenômeno a partir de clássicos como *Casa grande & senzala*, de Gilberto Freyre, e *Raízes do Brasil*, de Sérgio Buarque de Holanda, e eles tiveram muitos seguidores e continuadores. A questão é o que somos agora, no início do século XXI, e como se configura a dimensão subjetiva da nossa realidade. Precisamos desta resposta para discutir o trabalho e solidariedade e não há como fazer esta discussão genericamente, abstratamente, porque há um sujeito que trabalha, o trabalho se realiza em um determinado lugar, em uma determinada condição histórica.

O crescimento econômico recente do país retirou mais de 20 milhões de pessoas da linha da pobreza. De acordo com Neri (2009), que avalia a estratificação de classes no Brasil a partir da renda familiar e de indicadores de consumo e de qualidade de vida, considerando a população ativa entre 15 e 60 anos de idade, houve crescimento da classe C e das classes A e B e diminuição das classes D e E no período que vai de 2004 a 2008, considerando inclusive o período pós-crise do sistema financeiro americano. A classe C atinge em dezembro de 2008 o patamar de 53,8% do total de brasileiros. Esse fenômeno, que pela primeira vez ocorre no Brasil, levou Neri a denominá-lo "a nova classe média brasileira". Neri denomina assim esse segmento pelo fato de que ele passa a ser, ao menos em parte, um novo contingente de consumidores que vão além da cesta básica. Compram computadores, casa, carro, utilizam crédito e serviços e sustentam a produção de bens e consumo de forma consistente, transformando-se em foco de interesse para os agentes do mercado brasileiro e de outras partes do mundo. A presença do capital espanhol, português e mexicano (Telefonica, Portugal Telecom e Telmex) investe exatamente no crescimento desse segmento. Estruturalmente, a economia brasileira se aproxima do padrão europeu, particularmente das características econômicas da Itália e Espanha, e isso pode significar uma distribuição de renda mais equitativa apontando para a diminuição das classes D e E, significando o fim do extrato que hoje vive abaixo da linha de pobreza em nosso país.

É esse fenômeno de crescimento que os economistas apontam e suas características peculiares levam um segmento importante da população a uma situação de protagonistas do fenômeno que o sociólogo Jessé de Souza (2010) analisa em *Os batalhadores brasileiros*. Antes de mais nada, Souza critica a própria categorização do segmento (classe A, B, C, D e E) para melhor situar sua discussão sobre as perspectivas do que Neri chama de nova classe média. Compartilhamos com a crítica que o autor faz à classificação do segmento de pessoas que estão saindo da condição de mera reprodução da força de trabalho e se constituindo como reais consumidores e força expressiva no mercado brasileiro. Dizer que há um contingente de pessoas que reproduzem as forças produtivas é dizer que um número enorme de pessoas sobrevivia apenas para produzir novos trabalhadores. Famílias que consomem apenas o básico para sobreviver e manter seus filhos que acabam servindo como estoque do exército de reserva de trabalhadores no mercado de trabalho. Não faz sentido identificá-los somente como um segmento do estrato social, que deixa de ser um pária social para ascender à condição de consumidor, como se essa meta fosse o objetivo último dessas pessoas: conquistar a condição de consumidores. Quando Souza os chama de batalhadores, quer com isso identificar o grupo de trabalhadores numa nova condição de vida e não como segmento social que ascendeu socialmente. Não há ascensão social, mas a mudança de patamar de consumo trará consequências para a dimensão subjetiva. Interessa-nos avaliar esse fenômeno um pouco mais de perto trabalhando a origem do segmento de trabalhadores que agora compõem uma estruturante classe C. As teorias desenvolvimentistas, principalmente as elaboradas pelas equipes do Cepal (Comissão Econômica para América Latina da ONU) que se instala na América Latina a partir de 1950 (com sede no Chile), influenciam fortemente a política de países como o Chile e o Brasil. No Brasil, foi o economista Celso Furtado o grande divulgador e defensor dessa visão desenvolvimentista que priorizava os países subdesenvolvidos, como eram definidos os países da América Latina. Essa proposta econômica recebe apoio da esquerda, na época dominada pelo Partido Comunista Brasileiro, em função da política de alianças em prol do desenvolvimento de uma burguesia nacional, que teria como tarefa cumprir a etapa burguesa do desenvolvimento da economia brasileira. No campo conservador, temos a presença de economistas, como Eugênio Gudin, que discordavam da visão cepalina (Vitagliano, 2004). Tanto a política desenvolvimentista de Juscelino Kubitschek quanto a de João Goulart receberam influência do Cepal através da presença do economista Celso Furtado. Tal influência na política econômica brasileira só cessa com a implantação do golpe militar e a instalação do regime militar no Brasil. Passa a dar as cartas o brilhante e conservador seguidor de Eugênio Gudin, o economista Roberto Campos, enquanto Celso Furtado deixa o país e é exilado no exterior. Em 1969 Cardoso e Faletto (1969) lançam o livro *Dependência e desenvolvimento na América Latina*, que muda a forma de pensar sobre as relações de dependência do capitalismo latino-americano com os países ricos e formula a teoria do capitalismo dependente como resposta e alternativa à compreensão do desenvolvimento econômico da América Latina e, particularmente, do Brasil.

As presenças do debate e da política, gerada pelas teorias que fundamentavam a visão cepalina e a visão ortodoxa que passou a vigorar com a ditadura militar, pretendiam solucionar problemas estruturais da economia brasileira, que, de resto, eram semelhantes às demais economias latino-americanas. Um deles, crucial, dizia respeito ao êxodo rural promovido no país a partir dos anos de 1930 e que levou a uma forte inversão da relação cidade-campo do ponto de vista populacional. Em 1930, 80% da população brasileira vivia na zona rural. O processo migratório que levou ao forte crescimento de cidades como São Paulo, Rio de Janeiro, Belo Horizonte e outras mais, produziu também um forte contingente de excluídos, gerando o que se definiu nos anos de 1970 de população marginal ou população marginalizada. A política desenvolvimentista priorizava a industrialização e o emprego fabril e a ortodoxa também priorizava a industrialização, contudo se apoiando no capital multinacional. Tanto uma como a outra ofereciam empregos nas cidades e esse foi o atrativo para a fuga das condições de miséria do campo brasileiro. Esse fenômeno gerou um excesso de oferta de mão de obra pouco qualificada que não foi absorvida pelo mercado de trabalho e constituiu o que os economistas, como Neri, chamam de classes D e E. A impossibilidade de absorção desse grupo de pessoas ao longo do tempo (mais de 70 anos, considerando o seu início em 1930) garante a condição estrutural do fenômeno.

Obras como a de Cardoso e Faletto ajudam a compreender o fenômeno e a escapar da visão cepalina; e obras de cunho sociológico, como as de Maria Célia Paoli, ajudam a compreender o fenômeno na época chamado de população marginal ou marginalizada. Apesar disso, não há repercussão na vida do país em função da total ausência de debate sobre o assunto, impedido pelo regime ditatorial que vivíamos na época, e a discussão é de cunho estritamente acadêmico. Mesmo assim, de forma precária, já que professores como o próprio Fernando Henrique Cardoso, Florestan Fernandes, Otávio Ianni, entre outros, estavam compulsoriamente aposentados (forma de expulsá-los das universidades) e alguns deles exilados em outros países. Assim, toda essa produção científica de qualidade não era aproveitada para a produção de políticas públicas que visassem à resolução do problema, que foi empurrado até os dias de hoje. Chegamos à última década do século XX com 36 milhões de pessoas abaixo da linha da pobreza de uma população geral de 160 milhões de pessoas. Somente com a redemocratização do país e sua reorganização política voltamos a discutir de forma articulada os caminhos que o país deve seguir para resolver problemas de superação de nossa pobreza.

Curiosamente, passada a primeira década do século XXI, a discussão atual está entre o modelo desenvolvimentista (rescendendo certo odor cepalino) e o neoliberal (legítimo sucessor da visão ortodoxa), e tanto um quanto o outro geram desconfianças dada a crise que o capitalismo vive no presente momento, principalmente nos países ricos. Veicula-se muito na imprensa nacional brasileira e na internacional, principalmente a especializada em economia, a possibilidade de o Brasil representar uma alternativa para o planeta escapar da crise, o que traria eventuais dividendos para o país, que ganharia expressão a ponto de ingressar no fechado clube dos países ricos. É exatamente essa perspectiva em curso que torna o Brasil um *case* internacional e justifica, para além do nosso interesse imediato, focá-lo como exemplo do que ocorre no mundo do trabalho no presente momento.

Todo exercício de futurismo tem os seus riscos e o objetivo de um texto acadêmico não é o de fazer apostas otimistas ou pessimistas sobre o que nos reserva o futuro do ponto de vista do crescimento do país. O que nos interessa neste momento são as bases objetivas que apontam uma mudança estrutural, que permite projetar uma diminuição efetiva do contingente de pessoas que vivem abaixo da linha da pobreza, e formas de desenvolvimento sustentável que garantam que eventuais crises conjunturais não afetem esse processo, causando o aumento da população abaixo da linha da pobreza. A recuperação histórica da economia brasileira, feita de modo muito superficial, considerando que não é esse o foco do nosso trabalho, esclarece a forma como foi gerado o contingente de pessoas nesta condição, e temos que considerar que na atual fase do capitalismo se trata de uma aberração. Ao mesmo tempo é preciso considerar que a forma desigual do desenvolvimento capitalista no planeta admite e se aproveita desse tipo de distorção e, finalmente, que não é esse modo de produção capaz de evitá-la por não oferecer as condições objetivas de sua superação.

Entretanto, não é somente de dados objetivos, como o desenvolvimento econômico, que se trata de discutir sobre a superação da pobreza e as condições do mundo do trabalho no Brasil. Interessa-nos, fundamentalmente, a discussão sobre a dimensão subjetiva da realidade, conforme estamos desenvolvendo em pesquisas e publicações recentes (Bock e Gonçalves, 2009; Furtado, 2008; Furtado e Svartman, 2009) e que utilizaremos aqui para analisar a dimensão subjetiva do fenômeno de crescimento da classe C. Parece-nos que se trata de um fenômeno importante para o que pretendemos ao discutir trabalho e solidariedade.

Somos brasileiros, somos classe C. A constituição da dimensão subjetiva da realidade

Antes de discutirmos nosso ponto de vista sobre a dimensão subjetiva da realidade, cabe uma breve discussão sobre a definição de classes que estamos utilizando aqui e o que significa pertencer à classe C. Voltemos à recente publicação de Jessé de Souza (2010) e a sua crítica às formas de estratificação comumente utilizadas para a classificação e diferenciação das pessoas conforme sua condição de consumo. A divisão da sociedade em classes A, B, C, D e E é a forma de estratificação social comumente utilizada e muito divulgada pela imprensa. Tal forma de estratificação largamente utilizada é de conhecimento público e, geralmente, as pessoas se identificam com esse tipo de classificação. Do ponto de vista do domínio público, ela substitui outra, também largamente utilizada, que estratifica a população em *classe alta*, *média* e *baixa*. A primeira parece mais rigorosa, mas é exatamente a mesma coisa. Ocorre que, para identificar mais claramente o espectro social, o critério alta/média/baixa passou a ser ampliado para alta/média alta — média baixa/baixa. Depois a alta também foi dividida e em seguida a baixa. Daí a utilização do novo critério que somente oferece uma leitura mais rápida da segmentação. O que importa é que se trata de um critério criado pelo mercado de consumo como estratégia de reconhecimento dos segmentos de consumidores.

Tal critério serve aos seus propósitos, que é o de orientar a indústria e o comércio sobre a forma como estão segmentados seus consumidores e que tipo de esforço farão para vender os seus produtos. Na realidade, tal mensuração trata-se de uma abstração e enfrenta alguns problemas. A abstração é que ninguém se verá como A ou C ou E e não somos divididos dessa forma na vida cotidiana. Os produtos de consumo em geral determinam quem será o seu comprador pelo preço de venda. Um produto caro somente será comprado por pessoas mais ricas e produtos baratos podem ser comprados por quase todos. O sistema é um pouco mais complexo, mas a lógica é exatamente essa. Como a produção e comercialização são feitas de forma anárquica (quem pode mais chora menos), não há controle exato dessa lógica, e produtos caríssimos acabam sofrendo a concorrência de similares com preço 10 ou 20 vezes menores. Uma senhora rica compra uma bolsa Vuitton por um preço absurdo e uma senhora pobre moradora da periferia compra a cópia, na rua 25 de Março, por um preço bem acessível.[3] Não é a mesma coisa, mas a mimetização produz o efeito desejado e a duas tiveram acesso ao que queriam. Este fator de mimetização confunde a divisão proposta e ela acaba dependendo de critérios subjetivos, por exemplo, como a pessoa se sente em determinado segmento e o esforço que faz para garantir ou não a aparência desse segmento. Pessoas que investem em sinais que evidenciam a marca do segmento (a definição do carro que irá comprar, o bairro em que mora etc.) ou

---

3. Matéria publicada na *Folha de S.Paulo*, de 18 jul. 2010 (O Luxo da Classe C, Claudia Rolli, Caderno Mercado, p. B5), sobre pesquisa realizada com consumidores da "nova classe média (renda familiar de 3 a 10 SM)". "Quando produtos e acessórios que ajudam a ter estilo, e luxo, são 'financeiramente inatingíveis', os consumidores emergentes não se incomodam em recorrer a réplicas — mas de qualidade. 'A minha bolsa não é original, mas é uma réplica da Louis Vuitton de R$ 500,00 comprada à vista pelo meu marido', diz Claudia Vieira da Silva Costa, vendedora." É preciso considerar que a pesquisa em questão foi realizada exatamente para constatar esse padrão e não deve ser esse o padrão de todo esse segmento, mas a tendência demonstra o que estamos analisando sobre o atravessamento ideológico e as marcas de distinção.

que escondem as marcas do seu segmento. Não há precisão, e as organizações que vivem da produção e do comércio investem na pesquisa qualitativa junto aos seus potenciais consumidores para conhecer o detalhe que a estratificação não mostra.

No exemplo citado (da bolsa Vuitton e sua cópia), há um estranhamento nos dois casos que reflete a condição de fetiche da mercadoria. O descolamento do valor de uso e a constituição de um valor abstrato, descolado das condições materiais, concretas, de produção, atribuem um valor de troca exagerado, no caso do produto original, que demarca um campo de distinção e exclusividade de seu possuidor. A cópia, por sua vez, sofre o fetiche do fetiche, no qual a classe menos privilegiada procura mimetizar o fetiche da classe dominante.[4]

Outro problema da estratificação é que ela não posiciona o segmento conforme a sua situação real, na vida concreta. Quando se diz que agora sou classe C ou a "nova classe média" isso significa exatamente o que para mim? Recebo um diploma de ingressante no novo segmento? Chega uma correspondência me avisando da minha nova posição? E se me dou conta disso, porque fiz o teste preparado pela revista semanal, e descubro que pelo resultado sou agora integrante da "nova classe média", isso significa uma distinção?

Bourdieu (2007) aborda muito bem esta questão ao avaliar o processo de diferenciação social, e a questão de fundo é que as classes não se diferenciam por uma simples distribuição estatística, mas pela sua real inserção no processo produtivo. Tal inserção se dá pelo aspecto econômico, objetivamente, mas também pelos aspectos simbólicos (subjetivos) que constituem forma de identidade cultural que garante uma determinada apropriação do mundo. A escala de valores se distribui de forma desigual através de processos ideológicos e da forma concreta da distribuição da riqueza (e da pobreza) de tal modo que esses processos ideológicos atravessam todo o espectro social e, em outras ocasiões, se configura como elemento circunscrito a um determinado segmento de classe ou a um agrupamento regionalmente demarcado ou mesmo

---

4. Para Antonino Infranca (2005, p. 15), "Se sigue notando como el fetiche de la mercancía oculta la verdadera ontología del trabajo: la mercancía es un fenómeno que oscurece la esencia necesaria del trabajo, tanto en la vida cotidiana de los hombres como en sus relaciones sociales".

a um segmento profissional. No primeiro caso está a dimensão simbólica da ascensão social e nos demais casos mencionados as dimensões simbólicas que demarcam grupos, por exemplo, de pequenos agricultores ou grupos de metalúrgicos. Assim, os indivíduos que compõem as diferentes classes sociais têm como capital simbólico o desejo de melhorar na vida, e esse é um valor básico que garante a reprodutividade do capital. Já segmentos de classe como pequenos agricultores ou metalúrgicos, além do valor apontado, podem definir gosto musical (a música sertaneja, por exemplo, no caso dos agricultores) ou expressões machistas exigindo que as mulheres parem de trabalhar depois do casamento (no caso dos metalúrgicos) como expressão simbólica circunscrita ao segmento. Somente para esclarecer o exemplo dos metalúrgicos: segmentos de classe de profissionais com formação universitária convivem com o desejo feminino de garantir equidade de direitos entre homens e mulheres e passam a valorizar a profissionalização das mulheres e suas conquistas profissionais. Há nesta demanda o ideal desse segmento de realização profissional e o interesse dos estratos sociais médios de segurança e autonomia financeira. O estilo de vida destes segmentos contam com o salário/renda do homem e da mulher como forma de garantir o custo deste projeto, e essa dimensão simbólica garante o espaço conquistado pelas mulheres. Algumas das profissões tradicionais que eram exercidas por homens, como o direito e a medicina, hoje já contam com maioria feminina.

Do ponto de vista financeiro, esse segmento de profissionais universitários não é muito diferente dos metalúrgicos (por exemplo, um professor de história do ensino médio público), mas do ponto de vista das exigências simbólicas, relativas às questões de gênero, podem ser muito diferentes. A metalurgia continua sendo uma profissão eminentemente masculina, principalmente no seu segmento mais especializado. As mulheres conquistam cada dia mais espaço na profissão, mas ainda são relegadas a tarefas menos qualificadas e com salários menores que os homens. Assim, essa condição concreta favorece uma dimensão simbólica que valoriza o papel da mulher como dona de casa. Aqui a batalha pela igualdade de gênero ainda precisa conquistar espaço.

Estratos econômicos próximos, como o pequeno agricultor, o metalúrgico e o professor de história, que quando quantificados se encontram no mesmo patamar, quando examinados pela sua inserção social se mostram muito diferentes.

Comentando a fragilidade da estratificação social, Bourdieu (2007, p. 115) aponta que:

> A representação obtida, assim, não seria tão difícil de conquistar se não pressupusesse duas rupturas: uma com representação espontânea do mundo social, resumida na metáfora da "escala social" e evocada por toda a linguagem comum da "mobilidade" com suas "ascensões" e "declínios"; e outra, não menos radical, com toda a tradição sociológica que, ao não se contentar em retomar, tacitamente por sua conta, a representação unidimensional do espaço social — à semelhança do que fazem, por exemplo, as pesquisas sobre a "mobilidade social" —, acaba por submetê-la a uma elaboração falsamente erudita, reduzindo o universo social a um *continuum* de estratos abstratos (*upper middle class, lower middle class* etc.), obtidos pela agregação de espécies diferentes de capital em decorrência da construção de índices — instrumentos, excelência, da destruição das estruturas. A projeção sobre um único eixo pressuposto na construção de série contínua, linear, homogênea e unidimensional à qual, habitualmente é identificada a hierarquia social, implica uma operação extremamente difícil — e arriscada, em particular, quando é inconsciente —, consistindo em reduzir as diferentes espécies de capital a um padrão único e em avaliar, por exemplo, com a mesma bitola, a oposição entre empresários da indústria e professores do secundário (ou artesãos e professores primários) e a oposição entre empresários e operários (ou quadros superiores e empregados) [...]

É por esse caminho que segue Souza (2010) quando afirma que o pensamento crítico não deve ficar preso em categorias que já não explicam a realidade. De certa forma, as teorias de estratificação ou, pior ainda, o seu uso descontextualizado, como feito vulgarmente na sua expressão mercadológica, não responderam jamais, como aponta Bourdieu (2007), e somente ganharam espaço pela sua condição de pensamento unidimensional e pela menor complexidade das diferenças de classes antes da Segunda Guerra Mundial. Assim como Bourdieu, Souza também valoriza as condições simbólicas como critério para a discussão sobre diferenças de classe. Ao criticar a menção a uma "nova classe média", o autor diz:

> [...] o que nunca é explicitado é como esse suposto novo mundo "neoliberal" se transforma em "carne e osso" humano de todo dia, transformando o cotidiano, as emoções, os sentimentos, os sonhos e as esperanças das pessoas comuns. Porque é apenas quando as mudanças ganham a "alma" e o "corpo" dos homens e mulheres comuns que estamos lidando verdadeiramente com mudanças efetivas da sociedade, da política e da economia. O que importa, portanto, é penetrar no "drama" humano e cotidiano que produz sofrimento, dores, alegrias e esperança. A sociologia pode e deve fazer isso de modo claro e compreensível a qualquer pessoa de boa vontade com disposição de aprender. Mas o que vemos são analistas falando do "novo mundo", seja falando bem, seja falando mal, utilizando-se de categorias e ideias do mundo velho. Isso é verdade, no Brasil, tanto em relação aos intelectuais, políticos e formadores de opinião que "afirmam" o mundo existente como (sempre) o melhor mundo possível, quanto em relação à maioria dos intelectuais, políticos e formadores de opinião que "criticam" e, supostamente, pretendem modificar o mundo "para melhor". (p. 6)

Não somente a Sociologia, mas principalmente a Psicologia Social tem ferramentas para aprofundar a análise do que Souza chama de "drama humano" produzido nas relações de classe. O estudo dos interstícios das relações humanas na condição de reprodução das relações de produção e, particularmente, nas relações de trabalho (condição estabelecida para a reprodução da vida) nos fornecerá condições necessárias para entendermos, de forma mais profunda e eficiente, as resultantes do desenvolvimento econômico brasileiro e a relação entre classes e, principalmente, o posicionamento e modo de vida dos setores menos privilegiados em pauta no momento, em função do desempenho econômico vivido pelo país atualmente.

Por fim, queremos mencionar um fator que consideramos importante e que vale a pena examinar, que é a consciência coletiva sobre a pobreza. Um dos pontos centrais é o fato de não haver uma consciência coletiva de que a pobreza se trata de um problema humano que deve ser resolvido por todos e que estratégias de combate à pobreza devem fazer parte de nosso cotidiano. Mesmo quando nos escandalizamos com o problema, ele não parece ser o nosso problema (nosso do ponto de vista dos segmentos mais privilegiados). Enquanto a humanidade não tomar para si a solução desse problema, ele será administrado da forma como se faz hoje. O poder público geralmente empurra o problema para baixo do tapete, como ocorreu com a intervenção na Cracolândia, zona central da cidade de São Paulo, no final do primeiro decênio do século XXI. O espaço urbano central da cidade de São Paulo, na região próxima à sala São Paulo e à Estação da Luz, se deteriorou e foi tomada pelos usuários de droga, principalmente o *crack*, produzindo um contingente de pessoas que ficam abandonadas nas ruas dessa região em condições precaríssimas. Na tentativa de reurbanizar a área, o poder público realizou ações de porte com desapropriações e instalação de equipamentos culturais sofisticados, ao mesmo tempo que aumentou o policiamento da região. A consequência imediata foi a dispersão dos usuários pelas ruas da cidade.

Essa política do avestruz, que esconde a cabeça frente ao problema, continua tratando o problema social como caso de polícia. A melhoria do espaço urbano é destinada aos segmentos privilegiados e higienizar a região é a forma de atraí-los. A Sala São Paulo de música erudita é espaço sofisticadíssimo e frequentado pela elite paulistana. A antiga rodoviária, monumento *kitsch* da cidade e hoje *shopping* popular, foi demolida e no lugar será construído um belo jardim e um teatro destinado a espetáculo de balé. Cercando a Cracolândia temos o museu da Língua Portuguesa, a Pinacoteca, a Sala São Paulo e o novo Teatro, fechando um círculo na região que estrangulará o espaço de sociabilidade marginal produzido pelos usuários do *crack*. Estes continuarão consumindo a droga, os traficantes continuarão comercializando, os pequenos furtos como forma de gerar dinheiro para consumir a droga continuarão ocorrendo, essas pessoas continuarão morrendo abandonadas, mas em outro ponto da cidade, provavelmente no bairro vizinho, embaixo dos pontilhões e do elevado que corta essa região da cidade. Isso exige policiamento constante, o qual afugenta os pequenos traficantes e os usuários que se espalham pela região adjacente, ficando menos visíveis. Para quem olha a região da Cracolândia, o problema parece estar sendo resolvido. Para quem olha para o pobre usuário de droga, sabe que ele está em situação mais precária ainda, e é vítima da brutalidade que a cidade lhe oferece como alternativa de vida. Podemos dizer, como Gonçalves Filho (2007), que a experiência da invisibilidade é gerada pela forma como os pobres ou as pessoas em vulnerabilidade social são tratados como objetos, são simplesmente retirados do espaço ou internados à força, mas podemos completar que a intervenção urbana que deixa a cidade mais bonita e habitável também induz a essa invisibilidade, como se colocasse um problema sério e real embaixo do tapete.

Não é possível discutir o trabalho sem discutirmos a relação de classes e a condição de vida dos setores menos privilegiados. A discussão das soluções possíveis passa por definições políticas dos agentes (os trabalhadores) e por soluções do Estado com suas políticas públicas. Os usuários de *crack* da região central da cidade de São Paulo não estão ali por mero acaso, por escolha pessoal ou qualquer outro motivo. Estão ali porque o Estado não ofereceu condições razoáveis e dignas de absorção desse contingente no mundo do trabalho e porque a exploração do espaço urbano pelo capital descartou a região, relegando-a à condição de entulho urbano descartável, uma região morta e abandonada que deve ser evitada.

O que o futuro nos reserva? Não é possível pensar um futuro para a humanidade se não pensarmos soluções para o presente, e projeções sobre o mundo do trabalho exigem uma avaliação rigorosa do que ocorre hoje em dia com o trabalho e os trabalhadores. Não é possível imaginarmos um mundo cuja dinâmica dependa exclusivamente do acúmulo do capital. Um mundo que trabalhe com uma ética e expectativa de enriquecimento de uma parcela a partir da lógica do quem pode mais chora menos.

Trabalho, desenvolvimento, pobreza, solidariedade, competitividade, economia solidária, crescimento econômico, muitas contraposições cuja origem é a contradição básica do capitalismo: a divisão da sociedade em classes sociais. Pensar a relação trabalho e solidariedade implica a compreensão da miríade de determinações que compõem a realidade. As dimensões subjetivas da realidade são produzidas na confrontação desses fenômenos na vida cotidiana e a partir da ação social concreta e refletida no campo simbólico que justifica esse cotidiano e determina o lugar simbólico que ocupamos nas nossas vidas, de acordo com a posição social que nos determina. Para compreender o processo de produção da dimensão subjetiva precisaremos compreender como se dá a relação entre a base estrutural e a superestrutura social, assim como a produção da consciência nessa relação. Mas antes vamos entender melhor o que é o trabalho humano, base para a compreensão da relação proposta.

2

A ORIGEM DO TRABALHO HUMANO

Duas vertentes muito conhecidas sobre a explicação do surgimento da humanidade, que de certa forma sintetizam a discussão acadêmica mais precisa e sofisticada sobre o aparecimento da humanidade, são as de Marx e Engels e a de Freud. A explicação freudiana se apoia sobre o mito do parricídio e a sua totemização como primeira expressão da cultura, que é o que nos define como seres humanos. Freud (1973a e 1973b) toma a passagem da horda primitiva em que o macho mais forte e viril domina o bando e será inevitavelmente superado por um membro mais forte e viril quando se iniciar o declínio natural produzido pelo envelhecimento. Antes disso será muitas vezes colocado à prova e deverá defender o seu privilégio de reprodutor, de acesso à fêmea e de controle do grupo. Esse líder do bando controla a circulação de alimento e o acesso às fêmeas por parte dos outros machos integrantes do grupo. Estudos etológicos recentes realizados com gorilas comprovam este tipo de comportamento. Para Freud, era esse o comportamento dos primeiros humanos até o alvorecer de nossa cultura. A tomada de consciência permitiu que nossos antepassados compreendessem a desvantagem desse procedimento para o coletivo e também compreendcram que uma lei seria melhor do que a força como forma de controle da reprodução da espécie. O coletivo é mais forte que o líder, mas a morte do líder somente exigiria um novo líder e sua morte não representaria uma solução. Estabelecer uma ordem, primeiro elemento da cultura, transformando o líder em ordem simbólica, foi a solução que teria dado origem a nossa cultura. As primeiras formas de religião (religião primitiva) erigiam esse pai simbólico e totêmico como guardião da ordem civilizatória. O outro elemento é de ordem antropológica e institui a família, que garante o acesso ao alimento e ao sexo de todos os membros da espécie. O culto totêmico realizado por povos indígenas do Canadá oferecia sustentação a Freud para o desenvolvimento dessa teoria.

A teoria freudiana não é desprovida de sentido e pode ser reconhecida de alguma maneira em outras teorias mais afeitas ao assunto, como a Antropologia Estruturalista de Levy Strauss, que defende a família como estrutura básica da cultura humana. Em todas as culturas conhecidas até hoje, encontramos uma estrutura de parentesco e podemos afirmar que essa ordem cultural é básica no processo de humanização que garantiu a passagem do homem primitivo para o *sapiens sapiens*.

Mesmo que Freud tenha produzido uma inferência a partir de informações restritas (os totens canadenses), é preciso considerar que ele chegou muito perto daquilo que pesquisas antropológicas de cunho empírico e de longa duração estão concluindo atualmente. Mas é preciso mencionar que há uma lacuna importante no argumento freudiano que funciona como um elo perdido: o que teria produzido a tomada de consciência que levou à construção do mito do parricídio? Por que isso não se reproduz em animais muito próximos do gênero humano como os chimpanzés, gorilas e orangotangos? Por que só o gênero humano fala? A fala é elemento *sine qua non* para a consciência? Essa é a diferença? Produzimos mitos porque falamos? O que surgiu primeiro, a consciência do parricídio ou a fala?

São muitas questões e algumas sem resposta. A Paleoantropologia busca arduamente respondê-las e tudo indica que estamos longe dessas respostas e talvez, algumas, não a consigamos nunca.

A outra vertente, também muito conhecida, tem como matriz a obra de Marx e Engels. Nela os autores consideram que a descoberta do trabalho foi o elemento fundador da humanidade. Também neste caso, há farta coleção de evidências científicas, principalmente no campo da Paleontologia e da Paleoantropologia. Segundo Marx e Engels, baseados nas formulações de um antropólogo americano contemporâneo dos autores, Lewis Henry Morgan

(1818-1881),[1] num determinado momento da sua evolução o ser humano passou a utilizar o instrumento de forma perene, provavelmente para conseguir alimento. A manutenção do instrumento permitiu a construção correlata de uma imagem também perene do seu uso, instaurando o elemento primordial da consciência e transformando o instrumento em instrumento de trabalho. A transformação do instrumento em instrumento de trabalho significou o seu reconhecimento e a sua conceituação (consciência). A partir dessa condição, o instrumento de trabalho ganha condição simbólica e o trabalho instaura uma nova relação do ser com a natureza: a consciência da transformação da natureza em seu próprio benefício. A relação primordial permite novas generalizações e a constituição de um repertório (cultura) a partir de novas intervenções na natureza.

A teoria de Marx e Engels, assim como a de Freud, também está baseada numa generalização a partir de poucos elementos e, também como a anterior, foi fortemente sustentada pelas descobertas posteriores. O antropólogo Steven Mithen (2003) fez uma alentada compilação e análise de recentes pesquisas sobre desenvolvimento do cérebro e aparecimento da cultura no gênero humano, e uma das principais hipóteses é que o uso do instrumento de trabalho é elemento central para a produção de conexões sinápticas que garantem a conhecida plasticidade do cérebro humano.

No famoso livro de Friedrich Engels — *Sobre o papel do trabalho na transformação do macaco em homem* (1876)[2] — o autor, que não reúne as condições suficientes para discutir o que nos apresenta Mithen, pois não havia conhecimento acumulado suficiente para isso, aponta o caminho e permite a construção de uma relação teórica que irá fundamentar a definição de homem e que irá sustentar todo o arcabouço marxista. Diferentemente da teoria freudiana, Marx e Engels se perguntaram sobre a origem, a gênese do fenômeno, mas não puderam, pelas condições mencionadas, avançar sobre o processo e consequências do achado no desenvolvimento da cultura humana. Somente

---

1. MORGAN, L. H. *Ancient society*. Disponível em: <http://www.marxists.org/reference/archive/morgan-lewis/ancient-society/>. Acesso em: 15 jul. 2010.

2. Disponível em: <http://www.culturabrasil.org/trabalhoengels.htm>. Acesso em: 15 jul. 2010.

no início do século XX, Lev S. Vigotski, psicólogo russo, aproveitará estes elementos para discutir, do ponto de vista do materialismo histórico e dialético, o desenvolvimento da consciência e da cultura no campo da psicologia. Vigotski produz, de certo modo, a unificação das duas visões considerando a gênese a partir do trabalho e a importância da cultura no desenvolvimento da humanidade. Entretanto, não o faz a partir da psicanálise, mas da paliação da análise dos múltiplos determinantes que constituíram a humanidade.

Para efeito de nossa discussão, vamos considerar dois momentos importantes da evolução humana na constituição do trabalho como elemento central do próprio desenvolvimento humano. O primeiro momento é quando passamos a utilizar o instrumento como instrumento de trabalho de forma perene e continuada, o que significa dizer que um ser vivo, pela primeira vez, tem as condições necessárias para a elaboração de um conceito definindo esse instrumento. O conceito passa de indivíduo para indivíduo e de geração para geração, o que não é possível quando o uso do instrumento é circunstancial como ocorre até os dias de hoje com chimpanzés. O segundo momento é quando a relação de trabalho se institui como relação social, ultrapassando sua função de garantir sobrevivência e permitindo a acumulação e a programação da produção; momento em que foi descoberta a agricultura.

O uso do instrumento tem início com o *homo habilis*, há aproximadamente dois milhões de anos, os quais produziram ferramentas líticas que eram pouco distinguíveis de uma rocha natural (Mithen, 2003, p. 39-40). Deste momento até a fabricação de arpões de osso, habilmente manufaturados há 500 mil anos, se passaram 1,5 milhão de anos. Tempo necessário para o desenvolvimento da estrutura cerebral necessária para o desenvolvimento da linguagem e da consciência. A cada conquista uma nova condição de produção, a cada nova produção mais conhecimento e habilidade. Mais habilidade e conhecimento representam mais consciência do processo. Somente há 40 mil anos (data atribuída às descobertas realizadas pelos paleontologistas) surgem os primeiros objetos de arte.[3] O aparecimento do objeto de arte con-

---

3. "Na África descobriram-se placas de pedra de 27,5 mil anos de idade onde foram pintadas representações de animais, e contas de ovos de avestruz de 39 mil anos de idade. Na Ásia Oriental, as primeiras contas datam de dezoito a treze mil anos atrás e provêm da caverna de Longgupo, na China. Gravações em argila nas paredes da Austrália foram datadas

solida a condição criativa do ser humano e a superação do uso do instrumento como mera extensão do corpo na luta pela sobrevivência. O uso do instrumento de trabalho leva o ser humano a transcender as próprias leis da natureza, propiciando uma intervenção de transformação da natureza de forma consciente e programada.

Um segundo momento importante ocorreu por volta de 10 mil anos atrás com a descoberta da agricultura. Ainda de acordo com Mithen, nessa época a humanidade deixou de viver como caçadora-coletora e passou a praticar a agricultura em várias regiões do planeta. Segundo o autor, a instalação da prática da agricultura foi possível pela aquisição da *fluidez cognitiva* e, evidentemente, através das condições materiais concretas que exigiram este tipo de solução. Para este autor, o recuo da era glacial e as mudanças climáticas causadas por esse recuo estão na base da mudança do comportamento dos coletores-caçadores. A seca advinda da nova condição climática que altera a produção de alimento passa a exigir novas soluções. Mas somente isso não bastaria, considerando que em outras épocas a espécie humana passou por situações de precariedade e risco de extinção. Por que não teriam eles descoberto a agricultura mais cedo?

Segundo Mithen (2003, p. 359-60), por quatro motivos:

- A habilidade de criar ferramentas que pudessem ser utilizadas intensivamente para colher e processar recursos vegetais;
- A tendência de usar animais e plantas como meio de adquirir prestígio social e poder;
- A tendência de desenvolver "relações sociais" com plantas e animais e estruturalmente semelhantes às estabelecidas entre pessoas — uma consequência adicional de uma integração entre a inteligência social e a naturalista;
- A tendência de manipular plantas e animais, nascida da integração entre a inteligência técnica e a naturalista.

---

de 23-15 mil anos atrás, e é provável que parte da arte rupestre seja tão antiga quanto quarenta mil anos. Nos abrigos em rochas de Mandu Mandu descobriu-se uma coleção de vinte mil contas feitas de conchas e datadas de 34-30 mil anos atrás." Mithen, S (2003, p. 43)

Artefato lítico utilizado
pelo *homo habilis* há
1.500 milhão de anos[4]

Vênus de Willendorf
(Áustria) 24-22 mil anos[5]

    Outro fator importante que cabe mencionar é que o fenômeno, que aparece inicialmente no Oriente Médio, também acontece em outras partes do planeta quase concomitantemente. Na África, no Oriente e na América. Isto significa dizer que neste período a humanidade conquista um patamar de consciência e uma forma de pensar (a fluidez cognitiva) que independe do território, como ocorre com o famoso caso das borboletas escuras e das borboletas claras relatado por Darwin. A humanidade já havia superado essa condição e passa a evoluir de forma diferenciada e própria.

    É neste momento que podemos dizer que se dá o surgimento do trabalho humano como o conhecemos, como atividade concreta, pensada, antecipada e projetada. A consciência é induzida pela utilização do instrumento e esta engendra uma dinâmica que permite a conceituação desse instrumento que passa, a partir dessa condição, a ser reconhecido como instrumento de trabalho. Esse engendramento permitirá o reconhecimento da condição humana pelo próprio ser humano, garantindo a produção de uma ontologia e a sua capacidade teleológica, como veremos mais adiante.

---

    4. *Fonte*: *National Geographic* — Brasil, p. 29, ago. 2002.
    5. Fonte: WITCOMBE, Christopher L.C.E. *Women in prehistory*: the venus of Willendorf. Disponível em: <http://www.asu.edu/cfa/wwwcourses/art/SOACore/Willendorf_portfolio.htm>. Acesso em: 19 jul. 2010.

Evidentemente, consideramos ser trabalho humano a lapidação de uma pedra pelo *homo habilis*, mesmo que realizado de forma rudimentar e mesmo considerando que, desde este momento primordial até o aparecimento da agricultura, a função do trabalho era estritamente a sobrevivência. A novidade da introdução da agricultura foi a de possibilitar o acúmulo de reserva e permitir planejamento, garantindo o controle da produção e da natureza em benefício próprio. Aqui o trabalho muda de qualidade e abrimos a nossa era, construindo as condições necessárias para o que se convencionou chamar de período histórico da humanidade. A agricultura exigiu o sedentarismo e este fator foi importante para garantir os primeiros agrupamentos humanos perenes. Tal fator consolidou a cultura, produziu regras de sociabilidade, colaborou para o aparecimento das primeiras cidades e organizou o modo de vida humano que se desenvolveu historicamente até os dias de hoje, mesmo considerando toda a sua riqueza e a sua diversidade.

O motivo que leva a humanidade ao desenvolvimento da agricultura ainda é controverso, mas sabe-se que esse modelo de produção de alimento não era superior à caça e à coleta. Tal modelo produziu efeitos nocivos, como o aumento de epidemias produzidas pelo maior contato humano que o sedentarismo propiciava, e houve desvantagem na menor locomoção exigida pela caça e pela coleta, mas permitiu a organização do grupo humano trazendo outro tipo de vantagem, como a possibilidade de aumentar a prole e a população. Esse tipo de decisão escapa à pura e simples disputa por alimento e pressão pela sobrevivência. É uma forma qualitativamente superior de organização social.

Mithen (op. cit.) considera que uma forma diferente de pensar, qualitativamente superior, engendrou as condições necessárias para o aparecimento da agricultura. Seguindo, em parte, o próprio argumento do autor, vamos discordar da conclusão apresentada. Na realidade, a agricultura não aparece da noite para o dia como ele próprio menciona:

> Na região de Levant, ao sul e a oeste de Abu Hureyra [Oriente Médio], nota-se que, cerca de treze-doze mil anos atrás, os caçadores-coletores passaram da vida nômade à sedentária provavelmente como resposta a uma curta e abrupta crise climática de aridez crescente, que resultou em suprimentos de alimentos cada vez mais reduzidos e pouco previsíveis (cf. Bar-Yousef e Belfer-Cohen, 1989). Embora as comunidades continuassem a viver da caça e da coleta, fundaram-se as primeiras comunidades permanentes, com habitações e locais de armazenamento (p. 356).

Neste caso, a pressão do ambiente obriga o sedentarismo temporário e o sedentarismo de fato somente irá se configurar dois mil anos depois; são bastante organizados com a criação de poços para armazenamento no subsolo e a construção de terraços através do nivelamento do terreno. Neste período, a atividade concreta experienciada pelos caçadores-coletores, que os obriga a se fixar momentaneamente, é o que induz à mudança no modo de pensar. Mithen não consultou Vigotski e o campo sócio-histórico ao fazer suas considerações. A nota relativa ao trecho reproduzido acima é esclarecedora:

> Nota 6 — A arquitetura em si não é necessariamente uma indicação de sedentarismo; caçadores-coletores nômades, sob certas circunstâncias, constroem moradias e instalações em grau considerável, às quais retornam regularmente [...] (p. 364).

O fato é que a humanidade, neste momento, produz um salto qualitativo que a encaminha para o desenvolvimento de uma economia que não dependerá mais do mero acaso e das condições imediatas na natureza. Aqui ela aprende a dominar a natureza e a colocá-la a serviço do seu desenvolvimento de uma forma consistente. O caso dos poços de armazenamento testemunha o novo estágio de evolução. De acordo com Mithen (op. cit.), mais de uma estratégia foi encontrada e em mais uma nota (8) ele comenta:

> Isso é evidente nas relações espaciais entre os poços de armazenamento e as moradias. Em Randomyshl, observamos várias habitações circundando um poço central de estocagem, implicando "um acesso aberto, visível e uniforme aos recursos armazenados, para os habitantes deste sítio". No local ligeiramente mais recente de Cobranichevka, observamos números parecidos de poços de armazenamento com dimensões similares e distribuídos ao redor de cada habitação, indicando que cada residente possuía agora seus próprios recursos guardados, embora a distribuição permanecesse equitativa. Em sítios posteriores, como Mezin, Gontsy e Elissevichi, os poços de armazenamento estão distribuídos preferencialmente ao redor de uma única moradia. Por exemplo, em Mezin, parecem ter existido cinco habitações, mas seis dos sete (ou oito) poços de armazenamento estavam localizados ao lado de apenas uma delas. Os residentes dessa habitação, portanto, parecem ter controlado o acesso ao estoque de recursos (Soffer, 1985, p. 459-63).

Não há evidência de que as experiências com os poços sejam hierárquicas, que uma suceda a outra e demonstrem complexidade de organização. Portanto, o que é possível concluir é que estes grupos humanos estavam testando formas de organização social e divisão da produção. Tal organização não é um fato natural e sim um fato histórico e dependente da decisão que o grupo toma considerando o que é melhor para o coletivo, ou a partir de qualquer outro critério que lhes aprouver. Assim, poços coletivos apontam para uma possível divisão equitativa e poço único para um controle ou apropriação da produção. Pode ser que ocorra o contrário e que o poço único em frente a uma determinada casa seja atribuição do coletivo como forma de facilitar a distribuição equitativa. É quase impossível deduzir relações sociais a partir desse tipo de evidência. Entretanto, podemos verificar as relações identificadas por antropólogos entre grupos humanos que sobreviveram até o momento sem aculturação, como algumas tribos indígenas no Brasil que podem nos dar pistas de como se institui a relação de trabalho que estamos discutindo.

Entre os Camaiurás, por exemplo, é muito valorizada a distribuição do presente e o fator de distinção é atribuído a quem mais distribui presentes. De acordo com Carmen Junqueira,

> O grande xamã tem oportunidade de ter em mãos bens de muito valor em troca dos serviços prestados. Mas será levado a redistribuir o que recebeu, seja porque é chefe da aldeia, dono de casa ou mesmo homem de prestígio. Portanto, o *status* diferenciado não se coaduna com a acumulação de riquezas. A prática social, ao fornecer ao indivíduo possibilidades de aumento de prestígio, garante que a redistribuição atue como sustentáculo do poder, em forma de generosidade.[6]

Essa condição garante uma distribuição mais equitativa da produção, apesar de a apropriação do que é produzido ser feita de forma individual. Como esse tipo de organização ocorre em função do tipo de vida que combina a caça/pesca e a coleta, a agricultura e aspectos nômades, já que tribos do Alto Xingu, depois de esgotados os recursos da região habitada vão em busca de outra região, podemos dizer que há semelhança com o que descrevem os

---

6. Disponível em: <http://pib.socioambiental.org/pt/povo/kamaiura/print>. Acesso em: 21 jul. 2010.

paleantropólogos a partir de material coletado de grupos humanos que viveram por volta de 12 mil anos atrás.

Toda essa discussão aponta para uma enorme diversidade de práticas que envolvem território, condições climáticas, aspectos evolutivos e etapa de desenvolvimento de conhecimento social e repertório de cultura que se inicia com o aparecimento do *homo sapiens sapiens*, há 40 mil anos, e se desenvolve até a explosão cultural do Neolítico. Dá-se de forma diferenciada e evolui de forma diferenciada conforme a região do planeta. Até recentemente, as informações sobre o período estavam restritas às descobertas do Oriente Médio e da Europa, além de descobertas esparsas na China. Hoje esse repertório aumentou consideravelmente e, inclusive, pesquisas no Brasil (o caso Luzia)[7] e na América do Sul têm ajudado a elucidar o período.

O que produziu a diferença de ritmo que leva à civilização mesopotâmica e a toda a civilização europeia posterior, ao modo asiático de produção ou à manutenção de culturas tribais na África, na Oceania e nas Américas ainda está sendo estudado e em breve teremos mais informações que permitirão uma análise mais precisa e aprofundada do fenômeno. O fato é que a partir do Neolítico não se observa diferença entre as várias etnias de diferentes regiões, e esse fator é preponderante para a construção de uma ordem cultural. O trabalho se inscreve nessa ordem cultural assim como as relações familiares, os mitos e crenças, a habitação, a culinária etc.

Trabalho e labor

Entretanto, o trabalho na sociedade primitiva era trabalho não explorado e realizado conforme as necessidades do coletivo. O caráter do trabalho nestas circunstâncias é realizado no tempo necessário para garantir a sobrevivência do grupo, e a divisão social do trabalho e sua divisão técnica passava pela definição de gênero. Proporcionalmente aos dias de hoje, pouco tempo era dedicado ao trabalho. O antropólogo Philippe Descola (2006) no início de 1970 viveu por

---

7. Neves e Piló (2008).

três anos entre os índios Achuar, na fronteira entre Peru e Equador, na bacia do rio Maranhão, um dos rios que dão origem ao rio Amazonas. O povo Achuar tem pouco contato com os brancos e uma vida autônoma bastante preservada. Suas tradições, segundo o autor, podem remontar a cinco mil anos atrás, momento em que iniciaram o cultivo da mandioca. As relações dos Achuar com o trabalho nos fornecem um bom indicativo de como ocorriam as relações de trabalho antes do advento da sociedade de classes. De acordo com Descola:

> A exemplo de todas as sociedades nas quais não impera um mercado formador de preços, os Achuar rejeitam, com efeito, as transações lucrativas sobre o alimento. Às vezes interpretada como forma bem resolvida de preservar a solidariedade de uma coletividade de iguais, tornando impossível em seu seio a negociação sobre artigos indispensáveis à sobrevivência [...]

As mulheres cuidam da roça e os homens são convocados a nela trabalhar quando se faz a limpeza do terreno. Os homens são responsáveis pela caça, que é uma atividade prazerosa e pode ser executada com fins alimentares ou pelo puro prazer da atividade. Entretanto, ela não é definida conforme a necessidade ou o desejo desse tipo de alimento, mas pelas circunstâncias (por exemplo, encontrar a pista de caititus — porco-do-mato muito apreciado pelos Achuar) e por estar autorizada pelos seus ritos (através de sonhos ou de rituais que lhes autorizam a caça). Ao contrário dos habitantes do Oriente Médio no início da agricultura, não domesticam animais por estes pertencerem a uma mesma categoria geral de vida que os humanos. Essa diferença, provavelmente, ocorre pela oferta que é muito mais abundante na floresta amazônica.

A vida não é regulada pelo trabalho, mas pelos ritos e regras de convivência que estabelecem as relações de sociabilidade e proteção das várias famílias de uma mesma tribo que configuram a nação Achuar e que ocupam um extenso território na floresta.

O cenário descrito é peculiar ao da cultura jivaro,[8] mas nos seus aspectos gerais é comum às relações sociais anteriores ao advento da divisão em classes sociais.

---

8. Os Jivaros, aos quais pertencem os Achuar, são povos que vivem nas encostas orientais dos Andes na região peruana, no Equador e no Alto Amazonas.

O aparecimento da divisão em classes sociais introduz uma nova variável: o acúmulo de riqueza. De acordo com clássico estudo de Engels (1975), foi o aparecimento da noção de propriedade privada o indutor da divisão de classes e do acúmulo de riqueza. A forma de acumular riqueza se dá através da exploração das classes, grupos ou ordem de indivíduos que são subjugados pelos que reúnem poder para tanto. Poder físico que submete o outro ou poder simbólico advindo, por exemplo, de crenças religiosas. O melhor exemplo, o mais acabado, é a sociedade greco-romana do século V a.C. ao século II d.C. (ascensão de Atenas e início da queda do Império Romano),[9] que elevou ao máximo as formas de exploração e constituiu uma sociedade escravagista eficiente (eficiente para os cidadãos — classe dominante no período) que também, exatamente em função do modo de exploração adotado, é superada ao fim do Império Romano.

O trabalho no período greco-romano mencionado, Antiguidade Clássica, ganha um novo caráter, que de certa forma perdura até os dias de hoje, ao menos em algumas de suas características. Neste período o trabalho, como atividade produtiva concreta, passa a ser desvalorizado e atribuído àqueles que não reúnem nenhuma outra condição de sobrevivência ou que são obrigados a executá-lo. Perry Anderson descreve o período com muita clareza:

> O trabalho escravo da Antiguidade Clássica incorpora, portanto, dois atributos contraditórios, em cuja unidade residia o segredo da paradoxal precocidade urbana do mundo greco-romano. Por um lado, a escravatura representava a mais radical degradação do trabalho rural imaginável: a conversão dos próprios homens em meios de produção inertes através da sua privação de todos os direitos sociais e da sua assimilação jurídica a bestas de carga: na teoria romana, o escravo agrícola era designado por *instrumentum vocale*, um grau acima do gado, que constituía um *instrumentum semi-vocale*, e dois graus acima das alfaias, que eram *instrumentum mutum*. Por outro lado, a escravatura era simultaneamente a mais drástica comercialização urbana do trabalho que possa conceber-se: a redução da pessoa total do trabalhador a um objeto padronizado de compra e venda nos mercados metropolitanos de troca de mercadorias. O destino do grosso dos escravos na Antiguidade clássica era trabalho agrário (isso não se passava sempre ou em toda a parte, mas era a regra geral): era normal que o seu

---

9. De acordo com Gibbon (1989).

recrutamento, distribuição e fornecimento fossem efetuados a partir das feiras das cidades, onde, naturalmente, muitos deles eram também empregados. A escravatura era, portanto, a mola econômica que unia cidade e campo, para o benefício desproporcionado da *polis* (Anderson, 1985, p. 24-25).

Vejam que, agora, passados 9 mil anos do aparecimento da agricultura, 4 mil anos do advento da escrita, com uma ordem política, jurídica e social bem estabelecida, o trabalho mudou completamente sua configuração. Seu uso é para a produção de riqueza e manutenção de segmentos sociais privilegiados e dominantes. Considerem que o autor deixa claro que tanto o mundo grego (principalmente o ateniense) quanto o mundo romano representavam exceção, mas que tipo de exceção era essa que dominava amplo território, como ocorreu com Atenas, e que dominou toda a Europa e parte da Ásia, como os romanos? O que Anderson nos alerta é que conviviam formas de relações sociais arcaicas em profusão e que conviviam com a ordem greco-romana e eram por ela suportadas (Gibbon, 1989).

Nesta ordem escravocrata greco-romana, dependente da produção agrícola (a manufatura era praticamente inexistente e sua produção residual), a exploração do trabalho não guarda qualquer semelhança com a forma coletiva e solidária exercida anteriormente. Observe, como já expusemos, que o estabelecimento da ordem escravocrata não aparece como um passo de mágica; todo o desenvolvimento histórico humano depende de experiências anteriores (como a submissão de território através da dominação) que abrem essa possibilidade. O fato é que no período clássico antigo greco-romano ele encontra as condições para se configurar como a forma de exploração mais acabada. No período, o trabalho era, fundamentalmente, escravo. Ao comentar a valorização do trabalho, Anderson (1982, p. 24) diz que:

> A própria ubiquidade do trabalho escravo no apogeu da República e do Principado romanos tinha o efeito paradoxal de promover certas categorias de escravos a posições administrativas ou profissionais de responsabilidade, o que, em troca, facilitava a manumissão e subsequente integração dos filhos de libertos especializados na classe dos cidadãos. Este processo era não tanto um paliativo humanitarista da escravatura clássica como um outro indício da abstenção radical da classe dirigente romana de toda a forma de trabalho produtivo, qualquer que fosse, mesmo de caráter executivo.

Certamente, é desse período que advém a definição do termo trabalho que chega até os nossos dias e é provável que os grupos mais antigos, pré-históricos como os mencionados anteriormente, ou os grupos étnicos que mantêm formas antigas de produção, como os Jivaros do Alto Amazonas, não tenham designação específica e genérica (como o termo trabalho) para a atividade produtiva.

O pesquisador da Unicamp, Edgar Salvadori de Decca, em *O nascimento das fábricas* (1984), é mais preciso: "Seja a palavra latina e inglesa *labor,* ou a francesa *travail*, ou a grega *ponos* ou a alemã *arbeit*, todas elas, sem exceção, assinalam a dor e o esforço inerentes à condição do homem, e algumas como *ponos* e *arbeit* têm a mesma raiz etimológica que pobreza (*penia* e *armut* em grego e alemão respectivamente)." Mesmo considerando, como Decca, que o trabalho implica atividade que produz desgaste e isso se apresenta no relato de Descola (2006) quando descreve o cotidiano de trabalho dos Achuar (tanto na agricultura como na caça), a relação estabelecida no sistema escravocrata greco-romano transforma o trabalho no que o autor identifica na própria etimologia do termo, como é o caso da origem através de *penia* e *armut*. Na relação descrita por Descola não cabe a noção de pobreza e de sofrimento como é o caso do trabalho escravo entre gregos e romanos do período clássico.

Cabe assinalar que, apesar da discussão de cunho etimológico que apresentamos acima, o termo trabalho como o conhecemos modernamente não existia entre os gregos e os romanos da era clássica. Para Finley (1980, p. 110), "não havia em grego nem em latim uma palavra que exprimisse a noção abstrata de trabalho ou o conceito de trabalho como 'uma função social geral'. A Natureza e condições de trabalho na antiguidade excluíam a possibilidade do aparecimento de tais ideias gerais, bem como a ideia abstrata de classe trabalhadora". Portanto, atribuímos a nossa ideia de trabalho ao período como forma de compreender a origem do que definimos como trabalho hoje. Mesmo o trabalho escravo como apontado anteriormente, quando analisado detalhadamente por Finley (1980), apresenta nuances consideráveis. Entre elas a de receber alguma forma de pagamento pelo serviço prestado, de agregar pecúlio, de o escravo possuir seus próprios escravos, de conquistar cidadania etc. Além disso, não representava o mais baixo valor na escala social que era atribuído à rara situação da pessoa sem recursos que recebia pagamento em troca de uma atividade. O escravo era mais valorizado por ter casa, ter um lar, ter uma referência (pertencer a um *oikos*).

Vernant (1990), discutindo a psicologia dos gregos da era clássica, de uma certa forma analisando o que chamamos de dimensão subjetiva da realidade (Furtado, 2008; Bock e Gonçalves, 2009), deixa bem claro o valor do trabalho no período. A partir de *Os trabalho e os dias*, de Hesíodo, e de *Ciropédia* e *Econômico*, de Xenofonte, Vernant (1990, p. 330-32) nós oferece a análise do olhar grego para o mundo do trabalho:

> A vida campesina que Hesíodo descreve pressupõe um regime de pequena propriedade que um lavrador, curvado sobre a terra, explora diretamente [...]. Em certas regiões da Grécia, talvez mesmo na Ática, o oikós "propriedade familiar" permanece inalienável até o fim do século V. A terra, com as representações religiosas a ela pertinentes e com o elo particular que liga ao seu possuído, constitui um tipo de bem totalmente diferente do dinheiro [...]. Mas, para se compreender sob que plano psicológico se situa esse "ardor ao trabalho" [Xenofonte: *Econômico*] é preciso notar que ele aparece em oposição com a atividade artesanal, que, constrangendo os trabalhadores a uma vida caseira, sentados à sombra da oficina ou ao lado do fogo durante todo o dia, amolece os corpos e torna o espírito mais frouxo. Em antítese com o trabalho do artesão, a agricultura vem agora associar-se à atividade guerreira para definir o domínio das ocupações viris, dos trabalhos (*Erga*) em que não se teme nem a fadiga nem o esforço, o *pónos*... A agricultura, assim como a guerra, não aparece como um ofício. Deve-se mesmo aplicar-lhe o termo *técne*? Quem diz técne diz saber especializado, aprendizagem, processos secretos de êxito. Nada disto existe no trabalho agrícola: os únicos conhecimentos que reclama são os que todos podem adquirir por si mesmos, observando e refletindo [de acordo com Xenofonte é tornar sensível o aspecto espontâneo, natural, da agricultura, por oposição às técnicas aprendidas. É a divindade que nos ensina as regras da agricultura].

É curioso e importante ressaltar que o autor, na falta de um termo melhor, utiliza a palavra trabalho para nos mostrar que o esforço realizado na agricultura não era considerado trabalho (*ponos* ou *erga*) que implicava ou o afazer diário sem desafios ou a melhor das situações no trabalho técnico (e pouco desafiador) do artesão (*técne*). Há entre os gregos um sistema de valor que privilegia as relações naturais em detrimento do fazer técnico e neste sentido é o contrário do que ocorre no mundo capitalista. O *eidos* (finalidade) dos objetos fabricados, diz Vernant (op. cit., p. 347), apresenta-se como "naturezas" dadas, por assim dizer, afora e acima dos operários.

Insistindo na discussão de cunho etimológico, *Pónos*, termo grego que significa *labor*, nos remete ao deus grego da tristeza, mas cuidado ao relacionar trabalho e tristeza, já que isso pode permitir conclusões fáceis como as atribuídas ao termo *tripalium*, que discutiremos mais adiante.

Jaeger (1986, p. 59), analisando a Erga e a Teogonia de Hesíodo (*Hesíodo e a vida do campo*) corrobora a posição de Vernant. Veja o trecho:

> O título *Os trabalhos e os dias*, dado pela posterioridade ao poema rústico didático de Hesíodo, exprime isso perfeitamente. O heroísmo não se manifesta só nas lutas em campo aberto, entre os cavaleiros nobres e os seus adversários. Também a luta silenciosa e tenaz dos trabalhadores com a terra dura e com os elementos tem o seu heroísmo e exige disciplina, qualidade de valor eterno para a formação do Homem. Não foi em vão que a Grécia foi o berço de uma humanidade que põe acima de tudo o apreço pelo trabalho. A vida despreocupada da classe senhorial, em Homero, não deve induzir-nos em erro; a Grécia exige dos seus habitantes uma vida de trabalho [...] A agricultura e o pastoreio foram sempre as ocupações mais importantes e mais características dos gregos. Só no litoral prevaleceu, mais tarde, a navegação. Nos tempos mais remotos predominou em absoluto a atividade agrícola.

O período tratado por Hesíodo (final do século VIII e início do VII) é anterior ao regime escravagista, mas posterior ao advento da propriedade e da distinção por ela produzida. Mesmo assim, Jaeger menciona que a diferença entre camponeses e os moradores da *pólis* não era tão extrema do ponto de vista da valorização das artes e educação em detrimento das atividades de manutenção da vida (como era o caso da agricultura). Há na base desse valor o mito de Prometeu que liberta a humanidade de sua ignorância (os tempos pré-históricos), mas em troca exige a dura labuta de manter-se. Esse mito, de resto, é muito próximo do mito judaico-cristão da perda do paraíso. Em todo caso, quatro ou cinco mil anos depois da descoberta da agricultura e estruturada uma sociedade de classes com uma definição jurídica de propriedade (apesar de não estabelecida ainda uma noção de direito), o trabalho não é uma fonte de prazer. O trabalho é obrigação, tarefa, atividade indispensável a manutenção da vida e, quando possível, algo a ser relegado ao outro. O *Erga kai Hemerá* (*Os trabalhos e os dias*) de Hesíodo é rico neste tipo de consideração. Seguindo a tradução e comentários de Lafer (Hesíodo, 2008), vamos conferir o trecho a seguir:

> [...] Pois uma guerra é má e o combate amplia,
> funesta! Nenhum mortal a preza, mas por necessidade,
> pelos desígnios dos imortais, honram a grave Luta.
> A outra nasceu primeira da Noite Tenebrosa
> e a pôs o Cronida altirregente no éter,
> nas raízes da terra e para homens ela é o melhor.
> Esta desperta até o indolente para o trabalho:
> pois um sente desejo de trabalho visto
> o outro rico apressado em plantar, semear e a
> casa beneficiar [...] (p. 21-23)

E mais adiante:

> [...] Mas tu, lembrando sempre o nosso conselho,
> Trabalha, ó Perses, divina progênie, para que a fome
> te deteste e te queira bem coroada a veneranda
> Deméter, enchendo-te de alimentos o celeiro;
> pois a fome é sempre do ocioso companheira;
> deuses e homens se irritam com quem ocioso
> vive; na índole se parece aos zangões sem dardo,
> que o esforço das abelhas, ociosamente destroem,
> comendo-o; que te seja caro prudentes obras ordenar,
> para que teus celeiros se encham do sustento sazonal.
> Por trabalho os homens são ricos em rebanhos e recursos
> e, trabalhando, muito mais caros serão aos imortais.
> O trabalho, desonra nenhuma, o ócio desonra é! (p. 43)

E encerra o poema:

> [...] Facilmente imensa fortuna forneceria Zeus a muitos:
> quanto maior for o cuidado de muitos, maior o ganho.

Se nas entranhas riqueza desejar teu ânimo,
assim faze: trabalho sobre trabalho trabalha. (p. 49)

Podemos dizer aqui, inspirados na leitura da *Origem da tragédia* (Nietzsche, 1999) que Hesíodo, ao falar de trabalho, considera o mito grego da origem do ser humano que vivia sem a necessidade de trabalho. Lafer (2008) corrobora esse pensamento quando aponta a ligação do Erga com o mito fundador, quando Prometeu, contrariando Zeus, oferece o fogo aos homens e isso teve como resultado a libertação humana e, ao mesmo tempo, a consequência desse ato quando Zeus contrariado ordena a Pandora, a primeira mulher criada por ele, que abrisse seus vasos e liberasse toda *penia* (dor).[10]

Assim, é do ponto de vista do fardo que a humanidade será obrigada a carregar para garantir seu sustento que o trabalho aparece em Hesíodo. Portanto, o trabalho aparece como esforço físico que extenua, mas não como atividade desvalorizada e desumana. Ao contrário, é exatamente à condição humana e à consciência dessa condição que o trabalho é associado.

A relação que estamos propondo com a *Origem da tragédia* se dá quando Nietzsche analisa a passagem da teogonia Titânica para a teogonia Olímpica como um momento histórico importante interpretado pelo mito. Nietzsche desvela o mito estabelecendo a relação histórica da construção do conhecimento grego e da superação do temor pelas intempéries e a introdução da discussão da identidade. Trata-se de uma análise histórica que demonstra a evolução do povo grego e a forma como se organizou para a construção da política (sofisticada) que vigorou na *pólis*. A interpretação dos mitos titânicos exigia complacência e temor, enquanto a interpretação dos mitos olímpicos exigia posicionamento e conhecimento de si ou cuidado de si, como aponta Foucault (1967).

Da mesma forma, podemos dizer que o trabalho dos caçadores e coletores nômades estava muito próximo das condições naturais de manutenção da espécie, e que a lenta superação e dominação da natureza pelo gênero *homo* levou à descoberta da agricultura e à condição sedentária. Esta passagem,

---

10. "Por ter escondido o que é vital (o *Bíon*) (*Erga*, v. 42) para os homens, Zeus provoca uma série de eventos que acabam com o surgimento da primeira mulher. Até então os humanos não precisavam trabalhar para viver, apenas conviviam com os imortais. Com esse dom ambíguo dado pelo Cronida, aparece também a necessidade do trabalho" (Lafer, 2008, p. 61).

aproveitando o argumento freudiano (comentado anteriormente), representou o abandono de uma vida menos controlada por um tipo de vida mais regrado. A vida nômade do caçador/coletor não exige planejamento de longo prazo e necessita de pouca manutenção do cotidiano. O mesmo não ocorre com a condição sedentária em que é imperativo o planejamento do que será cultivado (preparação do solo, cuidado com o tempo, estocagem etc.) e exige condições adequadas de moradia para o cuidado de si e da prole.

A organização do trabalho (na verdade da produção) impõe regras de convivências e divisão técnica e política das relações de trabalho que agora passam a se complexificar. Troca-se a liberdade de uma vida menos regrada pelo controle de uma vida mais segura. Na formação tribal consolidada com o sedentarismo e a agricultura o trabalho não aparece como fardo, mas como contingência, e ganha o sentido exposto por Hesíodo com a maior complexidade social exigida pelo desenvolvimento da produção.

Tripalium

Quando buscamos a etimologia da palavra trabalho, que se origina do termo do latim tardio *tripalium*, comumente vemos que ela é atribuída a esse termo latino com significado de um instrumento de tortura constituído por três paus formando um enorme tripé com as pontas aparentes, o qual serviria para supliciar escravos nele amarrados. A época de seu aparecimento, da apropriação do termo *tripalium* para o trabalho, dataria do início da Idade Média. Em geral, tais menções apontam para a relação entre o instrumento de tortura e a origem da palavra trabalho procurando atribuir a condição de penosidade que o termo agregaria à atividade laborativa, principalmente considerando o tipo de relação de trabalho herdado do modo de produção antigo e sua passagem para o feudalismo. Tal relação não é desprovida de sentido, mas é questionável. Deramaix (1998) no artigo *Du tripalium au chagrin*, faz uma boa discussão etimológica, buscando a história da raiz do termo, e coloca com precisão a base do seu aparecimento. Para ele, citando o *Dictionnaire historique de la langue française* (aux éditions Robert), os termos *tripalium* e o termo *trabicula* se confundem ou se amalgamam na origem francesa do termo *travail*.

Ocorre que a *trabicula* ou o *tripalium* não são originalmente instrumentos de tortura. A *trabicula* é uma base de madeira, um cavalete, e uma de suas aplicações é para o uso das antigas prensas de azeitonas para a extração do azeite da oliva, como aponta Ulrich (2007). Na mesma obra o autor apresenta um projeto de portal elaborado no ano 105 d.C. (Portal de Puteoli) com todas as indicações de sua construção. A travessa que sustenta o telhado que protege o portal é denominada de *trabicula*.[11] O dicionário etimológico de Antônio Geraldo Cunha aponta que o termo *trave*, "tronco usado para sustentar o sobrado ou teto de uma construção" vem do latim *Trabs-is* e que está na raiz de *trabal* (século XVIII) do latim *trabālis-e* e do termo *trabicula*.

Afinal, qual foi a proveniência do termo trabalho como hoje o conhecemos? Tudo indica que veio da passagem do termo antigo para o francês *travail*. Somente o francês, o espanhol e o português utilizam essa forma. *Travail* para o francês, *trabajo* para o espanhol e *trabalho* para o português. O termo italiano é *lavoro*, que provém do latim *labor-ŏris* e gera em português o termo labor. No latim o termo *labor* denota dor e fadiga, tanto que a palavra inglesa *labour*, que tem origem no mesmo termo latino, significa trabalho pesado, trabalho físico, diferentemente de *work* que significa trabalho genérico.

No caso do francês, como aponta Deramaix (1998), no início da Idade Média o termo *tripalium* e o termo *trabicula* são articulados para originar a palavra *travail* e isso ocorre quando os termos mencionados já apresentam um sentido de tortura.[12] Mas a partir do século XII o termo *travailler* não será somente aplicado aos supliciados, mas também às dores do parto (como utilizado até hoje na língua portuguesa como "trabalho de parto") e ao sofrimento do agonizante. O mesmo autor, ainda citando o *Dicionário histórico da língua francesa*, apontará que em 1155 "*se travailler*" ganha o sentido de realizar todos os esforços para obter um resultado, perde a ideia de sofrimento, e no século XVI ganha definitivamente o sentido de transformação, de pro-

---

11. Reconstrução do Portal de Puteoli: *(a) anta; (b) limen; (c) mutulus; (d) sima picta; (e) trabicula; (f) asser; (g) operculum (não visível); (h) antipagmentum; (i) cumatium; (m) fores clatratae; (n) postis.*O portal foi construído no final do século II d.C *(CIL 1.2.1 1918, 526).*

12. Deramaix (1998): *trabiculare significa "torturar" e "trabalhar", no sentido de "fazer sofrer".*

dução de uma obra e de produção de algo útil, ao mesmo tempo que se liga ao circuito de valor de uso e de valor de troca.

Os significados das palavras são historicamente definidos e a conotação atual da palavra trabalho, como aponta Deramaix, não guarda nenhuma semelhança com a sua origem francesa e a forma como foi se generalizando para o espanhol e o português. *Travail, Trabajo, Trabalho, Lavoro, Work/Labour, Arbeit*, afora todos os demais termos em outras línguas como o chinês, o russo, o ídiche e tantas outras, designam atualmente a mesma coisa, a forma do trabalho como é explorado no modo capitalista de produção e a maneira como a força de trabalho transformou-se em mercadoria a partir do momento em que a forma de produção capitalista se generalizou. Forma essa que ainda hoje mantém resquícios de outras formações econômicas, mas devidamente incluídas no seu ideário.

Hanna Arendt (1981) faz uma bela discussão sobre o assunto e relaciona os termos *labor* e *trabalho* desde sua origem da noção de trabalho na Grécia Antiga e, particularmente, da forma como aparece na Política de Aristóteles. A autora identifica a cisão entre os dois termos a partir da desvalorização do trabalho escravo, como apontamos anteriormente citando Perry Anderson (*instrumentum vocale; semi-vocale* e *mutum*). Neste caso o termo que designaria trabalho designaria o trabalho do artesão, como atividade pensada e criativa (*to somati ergazesthaí*), e o termo labor (*ponein*) seria atribuído ao trabalho que utiliza o corpo, trabalho no sentido dado ao termo *instrumentum vocale*.[13] Na verdade, Arendt está considerando que no período grego clássico nenhum trabalho era considerado tarefa digna, apenas a atividade política, o cuidado com a *pólis*, era considerada atividade digna de um cidadão. O *ergazesthaí* era uma atividade considerada menor (trabalho do escultor), mas superior ao trabalho de manutenção da vida (cuidado doméstico, agricultura)[14] que exigia tão somente o uso do corpo (na concepção da época). É preciso esclarecer que o esforço de Arendt é para notar que os termos *labor* e *trabalho*,

---

13. Além disso, Arendt nos fornece uma informação preciosa da discussão etimológica da palavra trabalho, apontando que a origem dessa discussão a partir do termo *tripalium* está em Lucien Fevre: Travail: évolution d'um mot et d'une idée. *Journal de Psychologie Normale et Pathologique*, v. XLI, n. 1, 1948.

14. Aqui há uma divergência com a análise que fizemos a partir de Hesíodo, que considerava o trabalho na agricultura superior ao *Erga*.

na modernidade, perdem sua diferença, e ela observa apenas que labor descreve atividade e trabalho pode ser utilizado como substantivo, no sentido de obra realizada (observando que a atividade artística na contemporaneidade valoriza muito o termo trabalho como substantivo e descritor da obra realizada). Cabe notar ainda que o objetivo de Arendt com essa discussão etimológica é discutir a valorização do termo trabalho pelos economistas do século XIX, principalmente Adam Smith e Karl Marx, com posições diametralmente opostas, mas ambos considerando o trabalho e o trabalhador como produtor de riqueza. Note aqui a diferença fundamental entre o valor do trabalho no mundo grego, como apresentado anteriormente por Vernant, e a importância que o termo irá agregar a partir do modo capitalista de produção.

Considerando o que discutimos anteriormente, desde a concepção de trabalho em Hesíodo, passando pela menção de Decca e, por fim, a discussão etimológica, podemos concluir que o trabalho sempre representou esforço e, inicialmente, muito esforço para a humanidade. O advento da sociedade de classes no modo de produção antigo, conforme aponta Anderson, distorceu a relação com o trabalho estabelecendo quem deve trabalhar (o escravo, o servo, o operário, aqueles que vivem exclusivamente do seu esforço) e quem não precisa trabalhar: os que vivem do rendimento de sua propriedade (o cidadão da *pólis*, o senhor feudal, o burguês) e que se apoiam na exploração do trabalho daqueles que não possuem meios próprios de produção. Nesta condição, o trabalho é desvalorizado socialmente pelos detentores dos meios de produção, ao mesmo tempo que é valorizado ideologicamente como forma de convencer os não possuidores de meios de produção da importância de manter sua vida servil a partir do trabalho explorado. A produção de valores de cunho religioso, moral, circunstancial serviu em cada um desses momentos históricos como forma de manutenção das relações de produção. A vida protegida do escravo na Grécia antiga, a proteção fornecida pelo senhor do feudo ou a garantia do salário dada pelo proprietário do empreendimento capitalista exige do trabalhador a consciência de que trabalhar é penoso, é necessário e é importante e que dessa relação extraímos nossa razão de viver.

3

O TRABALHO E A DIMENSÃO SUBJETIVA DA REALIDADE

Neste capítulo trazemos o conceito de dimensão subjetiva, outro aspecto importante para compreendermos o trabalho em todas as suas dimensões e a sua condição ontológica.

Como já dissemos, o trabalho é condição necessária para a realização do humano e, ao mesmo tempo, foi a sua criação o que nos transformou no que somos. Essa dupla condição — a de criar o trabalho e ao mesmo tempo por ele ser transformado em humano — permite um fenômeno muito especial para o ser humano que é a condição de ser consciente e a de se comunicar. Pensamento e palavra, como aponta Vigotski (2004), permitem ao ser humano avaliar a si mesmo, e este é o fenômeno ontológico por excelência.

A capacidade de avaliar a si e ao que está ao seu redor nos leva à condição de pensar e estabelecer o nosso próprio estatuto: quem somos e a que servimos. Toda a produção cultural humana, todo o acervo da humanidade, desde as pinturas rupestres, das primeiras cerimônias funerais, até o desenvolvimento de sofisticados componentes eletrônicos, passando por toda a produção literária e imagética e pela secularidade das religiões, depende dessa condição.

Para entendermos a importância da nossa condição ontológica façamos um pequeno e complicado exercício de deixarmos de lado a noção de *verdade*. Essa noção tem acompanhado a humanidade desde tempos remotos e perdidos na memória e ela é função da própria e inelutável consciência de si.

Se sabemos ou queremos saber quem somos precisamos de parâmetros seguros para isso, e a noção de verdade tem surgido como a pedra de toque do nosso saber sobre o si-mesmo. É a garantia de que estamos no caminho certo. Os mitos e lendas, existentes em todas as culturas humanas conhecidas, cumpriram inicialmente esse papel. As religiões com seus fundamentos teleológicos, com suas crenças e com seus dogmas se colocaram num patamar superior. A sistematização do conhecimento humano através da filosofia, ao mesmo tempo que aumenta a exigência de argumentos eficientes, contamina a própria religião com seu método e, por fim, a ciência disputa hoje em dia com a religião o estatuto de referência para a verdade.

Bem, façamos o exercício de abandonar essa referência fundamental e considerarmos que circunstancialmente somos o que nós mesmos produzimos.

Houve um momento na evolução da humanidade em que nosso repertório era absolutamente simples e a vida completamente regida pelo cotidiano. A relação entre motivo e necessidade era dada pelas condições físicas imediatas ligadas à sobrevivência. Entretanto, a condição de Ser Social, como a define György Lukács (1976),[1] já é dada assim como a condição de ser humano genérico. Ao mesmo tempo o ser humano se revela em sua condição singular (cotidiano), na particular (história) e na universal (ser humano genérico). O fato é que, no nosso alvorecer, as instâncias dialéticas apresentadas acima não se diferenciavam da maneira como se diferenciam hoje. O pequeno repertório não permitia um descolamento das condições imediatas de vida a ponto de construir um campo teleológico complexo. Queremos dizer que a compreensão do que ocorria com o ser humano não ia muito além das circunstâncias que cercavam a vida de quem sobrevivia da coleta e/ou da caça, das relações sexuais sem a noção de parentesco (antes da estruturação da família) e da construção de abrigo.

Neste momento, a noção de verdade é dada pelo imediatismo da vida e da constatação pura e simples do fenômeno. É essa condição fundante que nos interessa para efeito da visão genética que pretendemos desenvolver, para compreendermos a relação entre trabalho e ontologia. A partir do momento em que o repertório de compreensão do mundo vai ganhando complexidade

---

1. LUKÁCS, G. *Per l'ontologia dell'essere sociale.*

surge também o olhar diferenciado, a posição relativa do observador, as disposições e diferenças individuais que permitem a leitura diferenciada da realidade. Se, como apontamos acima, somos seres inalienavelmente constituídos a partir de nossa inserção imediata no mundo, de nossa condição social e da nossa generalidade (ao mesmo tempo), a possibilidade de uma interpretação diferenciada do evento natural exigirá um acordo predeterminado que levará o nome de cultura. E o acordo possível constitui a noção de verdade. Tal noção de verdade evoluirá para a constituição de um repertório moral e de uma conduta ética que irá nortear as relações coletivas. Assim, será constituído um plano moral de controle do indivíduo, um plano ético de referência para o coletivo e uma possibilidade de compreensão do ser humano na sua totalidade.

É exatamente essa possibilidade de constituição de repertórios de referência, cumulativos, elaborados através da apropriação, controle, conhecimento da atividade concreta no mundo, que nos garantirá a condição ontológica e a teleológica. Isso significa reconhecer o ser humano como um ser capaz de compreender a si mesmo e alguém com a capacidade de projetar o seu futuro numa determinada direção. Marx (1982), ao escrever o Prefácio em *Para a crítica da economia política*, apontou que o ser humano somente coloca novos problemas para a humanidade quando está em condições de resolvê-los.[2] Marx não falava neste momento da nossa relação imediata com o mundo e de problemas corriqueiros do cotidiano. Falava sobre a dimensão histórica e sobre soluções encontradas pelo conjunto dos seres humanos, soluções dadas por toda a humanidade ou por um segmento importante dela. Quando as forças produtivas de um determinado modo de produção (como o modo de produção antigo) se esgotam é preciso que um modo de produção superior o substitua. É esse o problema que ele menciona e a solução é a transição para um novo modo de produção que possibilite a renovação das forças produtivas. Um processo dessa magnitude se dá no decorrer de muitos anos e com a participação coletiva. O fim do modo de produção antigo para o sistema feudal não ocorre de uma hora para outra e num só lugar. É um longo processo

---

2. Marx está mencionando que uma formação econômica só é superada por outra a partir do esgotamento das forças produtivas e neste momento sobrevém a crise que exigirá uma nova solução.

histórico que exige a apropriação das condições supraestruturais que justificam, corroboram, judicializam a nova condição social. Transformam-se as noções coletivas de ética que permitiam a escravização de outro ser humano como ação legítima, e substituem-se as noções morais que permitiam a um indivíduo manter alguém escravizado sem que isso produzisse um problema de ordem jurídica ou sentimento de culpa. Altera-se um estatuto que não via outra solução para o desenvolvimento econômico que não a submissão de outro ser humano para o trabalho de manutenção da vida e acumulação de riqueza.[3]

Os valores e regras que sucedem o período escravagista antigo são, supostamente, vistos como condição superior ao modo de produção anterior, e a condição servil do servo da gleba, mesmo que no alvorecer do capitalismo esta tenha sido considerada desumana, foi bem-vinda como substituição a algo muito pior.

Somente é possível uma solução dessa ordem, de cunho coletivo e histórico, se o grupo humano envolvido com o problema posto (esgotamento das forças produtivas) atingir coletivamente a compreensão do momento histórico vivido e das tarefas que precisam desenvolver. Trata-se da construção de um novo *zeitgeist* (*espírito de época*) que permita que cada indivíduo, no seu lugar da produção, compreenda a dimensão histórica do que se passa naquele momento: da singularidade de sua vida, da particularidade do momento vivido, da superação de uma determinada condição humana. Mas essa compreensão passa necessariamente pela vida vivida, pela condição imediata de sua inserção cotidiana para a possibilidade de abstração dessa vida cotidiana, considerando a vida de seus semelhantes e do ser humano genérico. Como devem viver as pessoas dentro das possibilidades históricas determinadas. Vejam que, ao mesmo tempo, se trata da elaboração de uma nova ética e também da apropriação de uma determinada consciência de si e, além disso, da apropriação da sua consciência social — de ser social.

Relato uma história divulgada na época da Revolução dos Cravos em Portugal (25 de abril de 1974). A revolução derrubou a ditadura implantada

---

3. No capitalismo a exploração continua a existir, mas ela é pactuada socialmente e reconhecida como legítima e dessa forma ocultada do ponto de vista ético. O trabalhador considera legítimo o mais-valor retirado do preço da sua força de trabalho e a legislação atual corrobora essa compreensão.

por Salazar em 1933 e libertou as colônias portuguesas na África. Foi uma época de muita participação popular e renovação de costumes. Quarenta anos de regime ditatorial, de controle político e dos costumes, particularmente numa época em que o mundo mudava radicalmente (contracultura) mantiveram Portugal num profundo ostracismo. No norte do país, zona rural e muito tradicionalista, a vida cotidiana parecia não ter-se alterado desde os tempos feudais. Pequenas vilas, pobres, que viviam um tipo de sociabilidade baseada na ordem da família tradicional com um poder quase absoluto para o chefe da casa. É aqui que nossa história tem início: nestas condições era absolutamente comum que o pai indicasse à mulher e aos filhos o candidato em que deveriam votar e, sempre, se tratava de um candidato ligado ao ditador chefe do Estado. Logo depois da queda da ditadura, um estado de anomia tomou conta de Portugal e, para saná-lo, foram chamadas eleições parlamentares. Os candidatos de esquerda, muitos articuladores da nova ordem social, levavam vantagem em relação aos antigos políticos apoiadores da ditadura salazarista. Mas nos Trás-os-Montes não se dava da mesma maneira que nas grandes cidades, como Lisboa e Porto. Numa pequena propriedade rural o pai chega para o almoço e anuncia o nome que a mulher e os filhos deveriam votar e se tratava de político vinculado ao regime ditatorial. Os filhos todos, como era o costume, abaixaram a cabeça em sinal de obediência ao pai. Neste exato momento a mãe trazia a sopa do almoço. Como também era o costume, as mulheres faziam o almoço, serviam a comida e comiam em pé na cozinha. Os demais sentados à mesa. Então a senhora, com seu vestido negro e lenço da mesma cor cobrindo a cabeça, levantou a sopeira e disse: — A partir de hoje nesta casa cada um vota no candidato que quiser e a sopa quem quiser comê-la que vá buscá-la no fogão!

Muito ilustrativa essa história que de um golpe só coloca duas questões muito importantes: a autonomia política burguesa, uma pessoa — um voto[4] (e que não era seguida no Portugal dominado pela ditadura salazarista) e a

---

4. Significa considerar o voto como derivado da consciência política do cidadão, e a garantia do voto secreto é a forma de realizar essa condição basilar para a noção de democracia na sociedade burguesa. A constituição dos Estados Unidos da América foi a primeira a garantir esse princípio e lançar as bases do Estado moderno.

independência da mulher. A Revolução dos Cravos produzia mudanças na ordem institucional e nas relações cotidianas.

Ocorre que a noção, o valor embutido na ação dessa mulher, não foi construída naquele instante. No momento se deu a realização de uma ação que estava alicerçada por um pensamento difundido, mas sem as condições materiais de realização. Trata-se da expressão de um pensamento coletivo que não encontra a possibilidade de expressão concreta, mas está pronto para a sua realização. Os processos revolucionários coletivos, populares, dependem dessa condição. A explosão da revolta popular parece ter sido combinada com antecedência, mas ocorre espontaneamente a partir do desencadeamento de fatos concretos que materializem aquilo que todos parecem saber.

Os recentes acontecimentos no mundo árabe são um exemplo muito bem definido do que apontamos aqui.

A noção de verdade, de ética, é historicamente construída e depende das bases materiais e do desenvolvimento das forças produtivas. A cada momento da história haverá um determinado padrão de verdade e, portanto, um determinado padrão ético, que justificará a divisão de classes (a partir do momento que surgiram as classes sociais), as formas de propriedade, a circulação de produtos, seu valor de uso e de troca.

Colocando dessa forma, temos a impressão de que a economia é preponderante e que a sociedade é o reflexo do processo econômico. Mas não é assim que a coisa se dá. A base material é fundamental e dela deriva a base dos determinantes de produção da própria humanidade, como já vimos anteriormente. Mas o jogo entre tais condições materiais e sua subjetivação como forma de compreensão do mundo e condição para a sua transformação também é fundamental para a produção humana. De tal forma, podemos afirmar que a partir da ação concreta no mundo (atividade), o ser humano passa a constituir aspectos subjetivos de registro e significação que lhe permitem a produção de sentidos que acompanham (sem ser reflexo) sua ação no mundo. Neste processo de construção subjetiva aparece também o novo, ou seja, aquilo que ainda não estava pensado ou significado. Antecipa, projeta, pensa em novas formas não existentes na realidade, controlando o mundo existente e reproduzindo-o de acordo com seus interesses.

O que estamos discutindo é a base do materialismo histórico e dialético, e Lukács expôs de forma muito apropriada ao comentar a relação entre causa e teleologia. Em os *Prolegômenos* (2010, p. 323-24) ele diz:

> Se, na situação atual — sem sermos capazes de sequer sugerir as mais gerais medidas concretas para sua solução —, falamos na necessidade de uma fundamentação econômica da ação socialmente correta como pressuposto indispensável de uma práxis correta, pensamos principalmente nos seus contextos estritamente econômicos e nas mediações decorrentes de reações corretas. Aí se expressa também a exigência do progresso no desenvolvimento social: enquanto não havia surgido a sociabilidade predominantemente pura da sociedade, até modificações que fundavam novas formações podiam acontecer sem uma visão teórica do próprio agir. É o caso, por exemplo, da transição de escravidão para feudalismo; até o surgimento do capitalismo tem, nesse sentido, um caráter de transição. Ele ajudou a economia a nascer como ciência, mas só quando a produção capitalista já existia e se aproximava espontaneamente do predomínio. Apenas no marxismo surgiu a base teórica para eliminar a exploração do trabalho da reprodução social e, com isso, ele se tornou marco indicador do caminho para a verdadeira transformação da sociedade. A elaboração de fundamentos teóricos para a práxis efetiva, baseados em uma historicidade concreta e verdadeira, é uma das mais importantes questões do atual renascimento do marxismo, nesses complexos de questões que o próprio Marx não pôde trabalhar.[5]

Para efeito de nossa discussão, Lukács menciona aspectos muito importantes da relação que estamos pretendendo estabelecer. Quando menciona as mediações da fundamentação econômica da ação socialmente correta com pressuposto de uma práxis correta, ele menciona a construção de sociabilidade e a visão teórica do agir. Os *Prolegômenos* para uma ontologia do ser social é a última obra de Lukács, obra característica do seu período tardio (Tertulian, 2010), em que ele revê e critica a leitura economicista de Marx (atribuída ao stalinismo) e se propõe a avançar exatamente sobre aspectos que ficaram es-

---

5. Lukács (1971) está mencionando, quando fala em renascimento do marxismo, sobre a importância da descoberta dos *Manuscritos econômicos e filosóficos* que trouxeram nova luz sobre os escritos de Marx e Engels. Curiosamente a afirmação se casa perfeitamente com a retomada dos estudos marxianos em pleno século XXI, depois da crise representada pela queda do muro de Berlim em 1989.

condidos ou pouco discutidos do ponto de vista das mediações do que ele chama de historicidade concreta e verdadeira. Trata-se da discussão sobre a ontologia, a teleologia e o ser social, relegadas a um ultimíssimo plano pela leitura economicista da obra de Marx. É a partir dessa dimensão que ele discute a relação entre causalidade e teleologia.

Por teleologia o autor entende a capacidade humana de compreender e projetar o seu futuro e disso depende o seu conhecimento (capacidade de formar impressão) e sua consciência (capacidade de articular o conhecimento) de interferir de forma organizada no mundo. Mas sua capacidade teleológica se apresenta a partir de uma base material concreta (fundamentação econômica da ação socialmente correta) que funciona como causa para a práxis humana.

Um pouco mais adiante, o próprio autor esclarece sua posição:

[...] A insuprimível determinação do ser por processos causais, que se liga inseparavelmente, no ser social, com sua crescente capacidade de influenciar, até dirigir por meio de pores teleológicos, cria aquela dualidade dialética que Marx — como repetidas vezes dissemos — expressa afirmando que os seres humanos *fazem* eles próprios a sua história (ao contrário da mera dinâmica da natureza), mas não são capazes de fazê-lo em condições que eles próprios tenham escolhido. Essa situação ontológica espelha-se na cognoscibilidade e no conhecimento fático do ser, de modo tal que os processos ontológicos na natureza e sociedade — apesar de todas as diferenças — transcorrem dessa maneira mais generalizada, unitária e legal, e, em sua legalidade, soa em princípio cognoscíveis; esse conhecimento, segundo sua natureza imediata, pode ser histórico, vinculado às circunstâncias, um conhecimento *post festum* [...] (Lukács, 2010, p. 340-41).

E conclui:

O caráter *post festum* do conhecimento corresponde exatamente às verdadeiras leis de movimento do ser, que, como processos irreversíveis com base nas constelações cada vez existentes podem produzir também formas do ser, relações do ser, modos do ser etc. até então não existentes. Essa irreversibilidade do ser processual se expressa no caráter *post festum* de seu conhecimento adequado (Lukács, 2010, p. 342).

Vejam que Lukács coloca, do ponto de vista estritamente histórico-dialético, o ser humano no centro do processo, garantindo sua múltipla determinação a partir de uma base material concreta (causalidade). A determinação é material (econômica) e histórica, mas ontologicamente o *ser social* é autônomo. Entretanto, isso ocorre *post festum*, ou seja, nossa compreensão da realidade, dos eventos se dá a partir da práxis, depois do acontecimento. Claro está que essa lógica deve ser atribuída aos movimentos do ser humano genérico e ao *ser social* como expressão humana concreta. Lukács recorre aos *Grundrisse* de Marx para deixar clara sua posição, apontando que "Todo conhecimento, porém, tem seus limites bem nítidos na infinitude dos componentes que se tornam operantes, que atingem uma síntese concretamente determinada nos processos causais" (Lukács, 2010, p. 341).

Assim, são os processos causais os determinantes da ação humana e de sua compreensão do mundo, mas exatamente por exercer sua capacidade de compreender sua ação concreta no mundo é que o ser humano se constitui como ser teleológico, que permite se projetar para além dos processos causais, mesmo que sua dinâmica de ação no mundo assim permaneça. A justificação metafísica da existência humana só é possível pelo uso dessa capacidade teleológica e permite a mitificação da definição do ser e do existir, invertendo aporisticamente sua base material.

A causa é anterior e a compreensão da ação ocorre *post festum*, mas essa compreensão permite um pôr-se no mundo através de seu caráter ontológico (o modo de compreender a si mesmo) e com função teleológica que permitirá antecipar ou prever a causa.

Por fim, a decorrência importante dessa discussão está no corolário das considerações de Lukács, apontando para a relação entre ontologia e cognoscibilidade e o conhecimento fático do ser: a capacidade da autoconsciência e da própria consciência do mundo. É assim que Lukács (2010, p. 347-48) chega ao ponto de nosso maior interesse:

> O ponto de vista ontológico para tal gênese é o trabalho, como modo fundamental do movimento do ser social. Na medida em que com isso se expressa a adaptação ativa dos modos de vida assim socializados, surgem novas determinações para os novos modos de ação, que os processos ontológicos precedentes

não puderam revelar em geral [...] [O] pôr teleológico tem consequências subjetivas, não menos importantes para a ontologia do ser social: o fato de que tais pores sejam caracterizados pelo fato de que "no fim do processo de trabalho aparece um resultado que no início já se encontrava na representação do trabalhador, portanto, idealmente" (Marx, *Kapital*, I, p. 140).

Fica absolutamente clara a seguinte relação: a preponderância da base material (causalidade), o trabalho como condição de ultrapassarmos nossa condição imediata (ontologia), a produção de subjetividade do ser consciente de si (a teleologia).

Em outra oportunidade, pudemos discutir a relação entre subjetividade e objetividade apontando como se constitui a Dimensão Subjetiva da Realidade (Furtado, 2008: Bock e Gonçalves, 2009) e vamos aprofundar essa discussão. Objetividade e subjetividade, do ponto de vista ontológico, formam uma unidade, mas uma unidade de contrários em que uma condição nega a outra, mas são interdependentes para a sua realização. Estamos falando do ponto de vista ontológico, já que a realidade, independentemente do ser humano, é objetiva e concreta. Quando mencionamos o processo, como exposto, da relação entre causalidade e conhecimento é preciso apontar os processos de mediação que permitem ao ser humano estabelecer uma nova qualidade que é a consciência do mundo vivido. Lukács (*Estética*, 1966) e Leontiev (1976) falam em reflexo da realidade, mas preferimos trabalhar com outra denominação.

Tanto Lukács quanto Leontiev estão fortemente influenciados pelas descobertas de Pavlov e transferem para a relação de apropriação do mundo vivido pelo ser humano a lei do reflexo condicionado. Ocorre que, passados tantos anos, a discussão sobre reflexo e representação evoluiu e o termo, a despeito do esforço dos autores em garantir a dinâmica dialética, produz um estranhamento que dificulta sua compreensão. Portanto, estamos falando de como se dá essa apropriação a partir das bases materiais concretas, garantindo que a produção subjetiva não se constrói independentemente dessa base material. Ao mesmo tempo garantindo a (relativa) autonomia da construção subjetiva que permite pensar o mundo e sem a qual não haveria possibilidade de ação teleológica. Lukács faz uma afirmação, rigorosamente apoiada em

Marx, que a causa produz efeitos independentemente da consciência. A ação independe da consciência! Neste sentido, a nossa ação é mediada pela relação direta com o mundo e é reflexo desta relação. Ela não é diferente da relação imediata estabelecida pelos demais animais que não possuem consciência. Esse fenômeno já foi discutido aqui mesmo, e é a forma como passamos do reflexo imediato para a compreensão de nossas ações. Geneticamente a relação imediata com o mundo é anterior à compreensão desse mundo. À medida que adquirimos consciência e capacidade de intelecção (por meio da linguagem e pela construção do pensamento), compreendemos essa dinâmica e passamos a antecipar essa relação básica. Assim, não podemos descartar a noção de reflexos pura e simplesmente. Mas a passagem para o campo cognoscível não é uma forma quantitativamente diferente do reflexo e sim uma forma qualitativamente diferente do reflexo. O reflexo, processado cerebralmente (e mesmo quando é puramente medular), responde através de retroprocessamento (*feedback*) e a consciência tem a capacidade de antecipar a ação criando um mundo interno. Essa capacidade permite, inclusive, o distanciamento da realidade concreta, estabelecendo uma relação idealizada com o mundo. Exercer uma ação que leve em consideração um mundo imaginário, como o caso de tantos comportamentos baseados em mitos, crendices, ilusões. A consciência reconstrói a realidade.

Vejamos o que diz Lukács a esse respeito:

> [...] [O] Mundo de los hombres es una subjetividad humana exacerbada hasta el máximo, la más plena que es dada al hombre, pero tal que no puede realizar-se más como objetividad igualmente plena. ¿Es ya entonces un Sujeto-Objeto idéntico? Sí y no. No, porque la coincidencia de la subjetividad y la objetividad no puede pensarse nunca, más que por medio de una hipóstasis, o sea, falsamente. Un sujeto que realmente exista se encuentra siempre ante un mundo objetivo que existe con independencia de él, y es siempre el producto y éste, nunca el principio creador de su totalidad (aunque es claro que, como producto, puede obrar a su vez sobre el mundo objetivo transformándolo y produciendo novedad, siempre que capte adecuadamente el En-sí de ese mundo); su imagen del mundo es siempre la reproducción consciente de la realidad existente en sí. Y sí, por otra cuestión que se aproxima mucho a lo mentado por la idea del Sujeto-Objeto idéntico, aunque no puede interpretarse simplemente

como su realización. Pues la formación central de la esfera estética, la obra de arte, no puede entenderse de ese modo más que si en ella se realiza el máximo de subjetividad desplegada, depurada de mera particularidad, con una objetividad máxima y junto con la aproximación también máxima a la realidad objetiva mediante su reflejo (*Estética*, 1966, p. 233-34).[6]

Acompanhamos tranquilamente o raciocínio dialético do autor quando responde sim e não à possibilidade de identidade da relação Sujeito-Objeto, que, ao mesmo tempo que é, em sua gênese, reflexo do mundo, é também produtor singular de subjetividade e, neste sentido, capaz de alterar o próprio objeto que o constitui, como o caso da obra de arte como intervenção estética de caráter singular que reflete o máximo de subjetividade possível. E, também por isso, é expressão de sua materialidade. Mas fica sem resposta a maneira como o reflexo da realidade se transforma em ato consciente e que nos garanta que o resultado desse processo tenha, rigorosamente, base material.

Sim, porque a história que separa o pensamento de sua base material é muito antiga e convincente e a aparência do fenômeno nos leva a crer que ele ocorre de forma distinta da realidade. É convincente porque a percebemos dessa maneira, como se nosso pensamento fosse produto individual, restrito aos processos subjetivos, e forma interna de interpretar a realidade que a representa produzindo seu duplo, como se o mundo fosse reflexo de nosso pensamento.

A passagem do reflexo para a consciência ocorre no processo evolutivo que gerou o ser humano e foi lento e gradual. Isso se dá quando as condições biológicas já são suficientes para o salto de qualidade que está prestes a ocorrer. Anteriormente citamos Mithen (2003) que fala da importância da *fluidez cognitiva* como uma das condições básicas para a mudança de um mecanismo cerebral importante que foi adquirido pelo gênero humano, que é a comunicação entre os diferentes setores cerebrais, estanques nos demais vertebrados. Esse é o substrato biológico necessário para a aquisição de outras habilidades que serão fundamentais no nosso desenvolvimento. Essa própria condição, tudo indica, se produz após a nossa ação no mundo, quando passamos a utilizar

---

6. Optamos por manter o texto na língua espanhola em função de tratar-se de texto já traduzido do alemão, para evitar o risco de transliteração indevida.

sistematicamente o instrumento como meio de sobrevivência. Neste caso a utilização do instrumento ocorre como reflexo da realidade e pelas formas conhecidas de condicionamento. Mas seu uso cotidiano e seu reconhecimento no grupo (imitação) permitiram a fixação na memória garantindo condições de manipulação. É esse jogo que produzirá uma dinâmica cerebral a partir de condições materiais específicas (crescimento da massa encefálica e de sua caixa craniana), aprimorando as conexões sinápticas e forçando sua interconexão.

O passo seguinte foi associar a vocalização (urros, grunhidos, expressões de prazer, medo) às ações cotidianas. Isso será possível pela interconexão sináptica que irá cruzar zonas cerebrais antes isoladas garantindo novas especializações cerebrais. Neste momento, estamos produzindo uma novidade no mundo animal, passamos a influir no próprio desenvolvimento da espécie e, com isso, incluímos o fator social no desenvolvimento dela.

O instrumento se transforma em instrumento de trabalho e a vocalização em linguagem. São dois instrumentos de mediação com o mundo e são eles que nos levarão à modificação do reflexo para a consciência do mundo. Vigotski (1981) discute profundamente o caráter de mediação e a sua importância na produção do ser humano, que ele discute do ponto de vista filogenético (como o fazemos neste momento) e do ponto de vista ontogenético, na maneira como uma criança nascida hoje se apropria do mundo e se humaniza no seu desenvolvimento. Vigotski fala de instrumento e signo. Assim como a permanência do instrumento de trabalho (seu uso e sua memória) irá modificar o reflexo da realidade produzindo uma nova capacidade mental (a partir das mudanças biológicas), ao mesmo tempo a vocalização será utilizada como sinal de denominação da ação no mundo. Não representa novidade a sinalização vocal como recurso de defesa (por exemplo, ao predador) e é comumente utilizada por diferentes animais. O chimpanzé, animal que mais se aproxima do ser humano, a utiliza com esmero. A diferença será utilizar o sinal vocal com um sentido culturalmente desenvolvido. Produzindo um sentido próprio que lhe garantirá significado específico numa coleção de significados que se articulam. É a esse fenômeno que Vigotski chama de signo e ele será uma mediação fundamental para ampliar a apropriação do mundo.

Vigotski (1981) busca apoio na filogênese para explicar a ontogênese no desenvolvimento da fala na criança. A criança reproduz a filogênese em seu desenvolvimento. Vamos inverter essa relação para compreender como ocorre o processo em sua origem. Ao mesmo tempo que a permanência do instrumento de trabalho produz modificações na dinâmica cerebral, vamos adquirindo a capacidade de nomear coisas. Não necessariamente o instrumento utilizado em uma determinada ação de intervenção na natureza, entretanto o uso do instrumento deve ter eliciado a denominação de qualquer coisa de importância para aquele grupo humano primitivo. O fato é que a atribuição de sentido para a vocalização se associa ao novo tipo de retenção e isso irá produzir o início da fluidez cognitiva.

Assim como ocorre com a criança, inicialmente a retenção do signo e a produção da fluidez cognitiva se deram de forma rudimentar utilizando poucos instrumentos e raros signos. Mas um signo gera outro e a invenção do instrumento elicia a construção de outro mais eficiente. A potencialização do processo irá induzir à fluidez cognitiva que se transformará em pensamento (conexão intelectiva dos signos) e à consciência (armazenamento racional dos signos). O estabelecimento da cognição permitirá também o reconhecimento dos estados internos (emoções), que estarão irremediavelmente ligados ao processo mental superior que Vigotski chama de psiquismo superior.[7] Expressões que indicam sensações de prazer, sofrimento, medo etc. fazem parte de estruturas cerebrais mais antigas e estão reproduzidas de forma peculiar em muitos vertebrados. Um cão expressa tais sensações. A diferença de sua expressão em relação ao ser humano é a passagem da sensação para o estágio da emoção, que é a sensação decodificada pelo pensamento e transformada em signo, como é o caso do amor e do ódio. Assim, sensações ganham contexto e tornam-se conscientes.[8]

Para garantirmos maior precisão, será necessário recorrer ao campo das neurociências. Damásio (2004) e Rose (1984) chamam de emoção as expres-

---

7. Vigotski (2004 [1931], p. 168-69): "[...] A origem e a evolução das funções psicológicas do homem e em particular das funções superiores da memória são, do ponto de vista desta teoria, a chave para compreender sua natureza, sua composição, sua estrutura, sua forma de agir e, ao mesmo tempo, a chave de todo o problema da psicologia do homem, que tenta descobrir de maneira adequada o conteúdo verdadeiramente humano dessa psicologia."

8. Roland Barthes publicou um belo livro, *Fragmentos de um discurso amoroso* (2003), no qual discute a relação entre o que sentimos e a relação com o signo. Trata-se de uma semiologia do discurso amoroso realizada com muita sensibilidade.

sões de medo, raiva e prazer localizadas no sistema límbico, uma camada interna do cérebro abaixo do córtex cerebral. Estas expressões estão diretamente ligadas aos mecanismos de defesa de qualquer animal, e Damásio nos dá o exemplo da reação de um caracol marinho, um ser extremamente simples, quando tocado em sua guelra apresenta um comportamento que Damásio considera decorrente de uma emoção que podemos traduzir (humanamente) por medo. Evidentemente, o estudioso do sistema nervoso nos adverte que o caracol não tem a mínima consciência do ocorrido. Para eles (Damásio e Rose), o diferencial humano é a capacidade de decodificar essas emoções, e a esse reconhecimento consciente das emoções eles dão o nome de sentimento. Trata-se, no nosso argumento, da emoção transformada em signo e, neste sentido, podemos seguir com os neurocientistas considerando essa tradução cerebral das emoções como sentimentos. O próprio Damásio reconhece que a discussão dos sentimentos transcende as neurociências e aponta para a elaboração filosófica de Espinosa.[9]

A entrada no período Neolítico (12 a 4 mil anos a.C.) representou o florescimento da cultura humana com a descoberta da agricultura, a domesticação de animais e o sedentarismo. Este momento representa também a construção de acervo humano, muito organizado, que passou de geração a geração até os dias de hoje. Tal desenvolvimento ocorreu de forma simultânea e, também, de forma diferenciada em vários pontos do planeta (alguns sem nenhum contato com os outros como é o caso do continente Americano, mesmo considerando que a chegada do ser humano em nosso continente se deu há 14 mil anos). Foi neste período, essa é a hipótese mais provável, que se instala um nível de consciência socialmente compartilhada que produz uma memória coletiva, garantindo a constituição do acervo cultural da humanidade. O conjunto de fatores que levam ao sedentarismo (desenvolvimento da agricultura, construção sistemática de habitação, formação de clãs etc.) permite a consolidação do senso ético e estético que será central no processo civilizatório humano. A decodificação das emoções joga papel preponderante neste processo e garante a elaboração das primeiras explicações

---

9. Bader B. Sawaia (1999) vem se dedicando a uma profícua discussão da relação entre a produção de L. S. Vigotski e a filosofia de Espinosa, principalmente no polo referente a emoção e sentimentos.

para o desconhecido, para o pensamento transcendente que será a base constituinte do conhecimento religioso, pura expressão teleológica e ontológica que escapa da relação de causalidade imediata da relação do ser humano com a natureza.

É neste processo que a relação entre o ser humano e a natureza passará a ser mediada pela crença e valores produzidos pela sua interpretação do mundo vivido. Aqui a objetividade da vida (causalidade) irá se separar da representação subjetiva do vivido, permitindo que o mundo possa ser interpretado de uma forma especial que, apesar de determinada pela causalidade, dela se separa (mesmo que seja de forma artificial), constituindo a dimensão subjetiva da realidade.

Do ponto de vista da reprodução objetiva das relações de produção, a causalidade é preponderante (principalmente neste período inicial) e fornece a base material da reprodução dessas relações de produção. A caça, a coleta, o plantio de alimentos, a construção de abrigo, de instrumentos para a caça, pesca, coleta e plantio têm caráter eminentemente objetivo e deles não era possível prescindir. Essa condição objetiva era reguladora de sociabilidade e impunha regras como a da divisão social do trabalho (divisão de trabalho entre homens e mulheres considerando a maternidade e o cuidado com a cria). Ao mesmo tempo, a vida comunitária (como bem demonstrou Lévi-Strauss) exigia regras de convivência e sociabilidade para além da reprodução direta dos meios de produção, e a constituição de um aparato subjetivo de crenças e valores (derivado da relação concreta dos meios de reprodução da vida historicamente determinados) foi-se constituindo a partir da construção de referências éticas e estéticas. O cerimonial de enterro dos mortos é um bom exemplo disso. Em várias culturas do período Neolítico são encontradas referências de uma expectativa de vida *post mortem* que implicava dotar o morto de condições para a transição para uma outra vida ou para a volta a sua própria. Esse tipo de cerimônia remetia para o temor do desconhecido (a morte), para um senso ético que era o cuidado com a pessoa que morreu (antes os corpos eram simplesmente abandonados) e para um senso estético com o adereçamento dos mortos. A seguir veio a representação iconográfica e imagética dos mortos e das divindades. Do ponto de vista ontológico (compreender o significado da morte) e teleológico (projetar um cenário futuro que inclua o retorno dos que morreram), temos aqui a constituição da dimensão subjetiva, que, neste caso específico, se descola parcialmente das condições materiais de produção e reprodução das relações sociais.

Trata-se de um descolamento parcial porque, em última instância, essa produção subjetiva corresponde a uma explicação do mundo vivido e, portanto, está atrelada às condições objetivas da causalidade da vida. Mas como afirma Lukács, sabemos disso *post festum*. A explicação do vivido, a consciência do que vivemos, é posterior ao fato vivido e essa dinâmica permite a distorção (mas não necessariamente) produzida pelo que representamos. Isto é, como interpretamos, subjetivamente, o que foi vivido.

Para além dos aspectos filogenéticos e ontogenéticos que propiciaram a capacidade humana de compreender o mundo em que vive, a dinâmica da vida humana a partir de sua capacidade de compreender o mundo e a si mesma produz um efeito que levará sempre em consideração a sua capacidade de produzir cultura e ter nela sua referência do mundo, e tal referência irá produzir uma determinada noção de ética e uma determinada noção estética. Estas serão as referências básicas da humanidade na construção de seus saberes e de suas diferentes culturas no decorrer de seu desenvolvimento.

Há uma passagem em *A ideologia alemã* (Marx e Engels, 1974, p. 26) em que os autores dizem:

> La producción de las ideas y representaciones, de la consciencia, aparece al principio directamente entrelazada con la actividad material y el comercio material de los hombres, como el lenguaje de la vida real. Las representaciones, los pensamientos, el comercio espiritual de los hombres se presentan todavía, aquí, como emanación directa de su comportamiento material. Y lo mismo ocurre con la producción espiritual, tal y como se manifiesta en el lenguaje de la política, de las leyes, de la moral, de la religión, de la metafísica, etc., de un pueblo. Los hombres son los productores de sus representaciones, de sus ideas, etc., pero los hombres reales y actuantes, tal y como se hallan condicionados por un determinado desarrollo de sus fuerzas productivas y por el intercambio que a él corresponde, hasta llegar a sus formaciones más amplias. La consciencia no puede ser nunca otra cosa que el ser consciente, y el ser de los hombres es su proceso de vida real. Y si en toda la ideología los hombres y sus relaciones aparecen invertidos como en una cámara oscura, este fenómeno no responde a

su proceso histórico de vida, como la inversión de los objetos al proyectarse sobre la retina responde a su proceso de vida directamente físico.

O trecho, para além de deixar clara a posição que estamos procurando elucidar, é uma profissão de fé no materialismo histórico e dialético. Isto porque o texto original busca a confrontação com as bases idealistas do neo-hegelianismo alemão do final do século XIX. Para nós, o que interessa na citação é que no momento em que a humanidade reuniu um repertório considerável, que a linguagem ganhou importância vital na comunicação humana, que o mundo passou a ser interpretado através da mediação do signo e a reprodução da vida passou a ser mediada pelo instrumento de trabalho, passamos à construção de um repertório que se descola da sua relação direta com a imediaticidade do vivido. Não respondemos mais às exigências naturais diretas como os demais animais, mas passamos, irremediavelmente, a depender de processos mediadores (signo e instrumento) na relação com a natureza. Acompanhando o argumento materialista exposto por Marx e Engels, reafirmamos que toda representação produzida pela humanidade parte sempre de uma base material concreta, direta ou indiretamente relacionada. Mas o que fica claro é que a partir do momento em que a humanidade passou a construir um repertório que os autores chamam de "producción espiritual"[10] ela está submetida à relação dialética entre o campo material objetivo, e o campo subjetivo. O campo objetivo determina direta ou indiretamente o campo subjetivo, e o campo subjetivo, o que os autores chamam de produção espiritual, acaba produzindo representações a partir de outras representações se descolando ou se distanciando, em determinadas circunstâncias historicamente definidas, de suas bases materiais objetivas de produção.

Vejamos um exemplo para melhor definir a relação. O ano de 2011 marcou o centenário da descoberta do sítio arqueológico de Machu Picchu, uma região no alto das montanhas de Cusco, cidade peruana que era uma espécie de capital Inca na época da invasão espanhola. Como os Incas não construíram uma linguagem escrita, as ruínas de Machu Picchu são cercadas de lendas e

---

10. É necessário que se compreenda o termo "espiritual" como jargão da filosofia alemã do período em que o texto foi escrito (1845/46) e faz referência à produção intelectual humana.

imprecisões deixadas pela memória oral dos antepassados (através de famílias que vivem na região até os dias de hoje). O que chama a atenção é que o modo de vida quéchua, base da linguagem predominante entre os povos que dominaram aquela região (entre eles os Incas), sobreviveu ao massacre promovido pelos espanhóis que invadiram e colonizaram o Peru. Chama a atenção aspectos importantes das ruínas que vemos em Machu Picchu: o alinhamento preciso e impressionante das pedras que compõem as edificações mais importantes. O corte da pedra é tão preciso que é difícil acreditar que não tenha sido feito através de algum artefato que somente nos dias de hoje temos conhecimento (como se fosse um cortador com a precisão milimétrica de um *laser*). Não se sabe exatamente como eles faziam o corte, mas, certamente, o processo exigiu um enorme e dispendioso trabalho. Há dois motivos evidentes para tamanha precisão e um deles é de ordem prática. A forma de "amarrar" uma pedra na outra garantiria uma estrutura antissísmica e algumas dessas construções resistem aos terremotos constantes na região há mais de 500 anos. Ao mesmo tempo, há um sentido estético nestas construções definido pela concepção religiosa predominante entre os Incas e a forma como compreendiam a vida. Chama a atenção a importância dada aos movimentos solares (a principal representação divina) e a marca do tempo referenciada nos solstícios de verão e inverno, vitais para o bom controle da produção agrícola inca. Em Machu Picchu, o templo dedicado ao Sol tem suas janelas perfeitamente alinhadas para receber os primeiros raios solares do solstício de inverno. O procedimento marcava o tempo através de uma espécie de relógio solar que celebra a fertilidade da Mãe Terra (a Pachamama). Aspectos que envolvem o conhecimento objetivo das formas de controle da natureza e, ao mesmo tempo, a busca de compreensão desse conhecimento considerando a dependência de forças insuperáveis da própria natureza (as intempéries) que geram temor e crença em forças para além da capacidade e compreensão humanas e que produzem, a partir da consciência humana, um senso ético de relação e sociabilidade (as formas de controle da vida) e um sentido estético, que é representado pelo tipo de arquitetura elaborada sob a égide do senso ético (suas crenças e valores)

    As condições objetivas e as soluções tecnológicas desenvolvidas na manutenção da vida produzem conhecimento para além das circunstâncias imediatas exigidas pelo momento. Para a construção de silos, que possam armazenar o grão colhido e reservado para o período de escassez, não basta a relação direta com a necessidade. Antes disso foi condição material concreta a própria constituição de clãs e formas de grupalização que exigiram uma ordem superestrutural: regras de procedimento e ordem de valores moral que mantêm e aglutinam aquele grupo humano. Assim, a decisão de armazenar o grão é tomada no contexto dessa ordem de sociabilidade, historicamente produzida. No caso dos Incas, essa ordem era de cunho religioso e a armazenagem do alimento é vinculada a uma ordem divina e cuidada pelos representantes dessa ordem: uma espécie de sacerdote inca. A base teleológica e as bases ontológicas passam a ser determinantes na relação de sociabilidade, justificam as determinações materiais e induzem uma determinada forma de suprir carências e necessidades coletivas. Como explicar a decisão de realizar um sacrifício animal (de uma lhama) como forma de aplacar a ira dos deuses que castigam o povoado inca com uma seca extraordinária? Em parte pelo desconhecimento desse povo em relação às determinações da natureza e em parte pela busca de uma razão para esses acontecimentos. Utilizamos o repertório de crenças, de valores, de conhecimento objetivo acumulado para encontrar uma solução coletiva que faça sentido para o conjunto, e isso encontramos no repertório perpetuado na cultura desse povo.

A civilização inca nos permite vislumbrar uma relação precisa entre causalidade, teleologia e ontologia, ao mesmo tempo que nos apresenta as bases da relação entre a estética e a produção do senso ético, em função do tipo de estrutura social que é complexa, mas não apresenta uma divisão de classes importante. A constituição de sociedades complexas organizadas através de classes sociais produz um tipo de relação entre as bases materiais concretas de reprodução da vida e a produção de compreensão dessa vida que descola uma da outra. A submissão de um grupo humano, em geral numericamente superior, a outro grupo que disso tirará proveito material, exige a constituição de um código de conduta que justifique a submissão. O escravo hebreu submetido no antigo Egito, o escravo oriundo da Ásia Menor na Grécia antiga, ou o escravo de várias procedências no Império Romano tiveram sua vida regulada por uma ordem jurídica, religiosa e social que garantia a legitimidade da ordem escravocrata. Tal ordem de legitimação não é produzida por uma relação tão identificável como a que vimos na ordem social inca.

A produção da naturalização de uma razão subjetiva como se sua origem fosse de ordem material, objetiva (Bock, 2001), é complexa e está ligada às maneiras como se construíram justificativas para a posse da propriedade e a garantia de privilégio de casta ou segmento social dominante. A construção desses argumentos é realizada ao longo de séculos e garante a perpetuação do privilégio. O tempo se encarrega de esconder o ardil oculto do argumento central que justifica o privilégio.

Conhecemos inúmeros processos desse tipo e entre eles o que transformou radicalmente a relação social entre gêneros. A passagem do matriarcado para o patriarcado dá-se como forma de garantir a passagem da herança e a manutenção do privilégio de casta. A descoberta da condição biológica da paternidade induziu a submissão da mulher como forma de garantir a linhagem. Conforme descrições antropológicas, no período anterior as linhagens eram matrilineares e o irmão mais velho da mulher ocupava o lugar de provedor (pai). A passagem para a família patrilinear impôs uma nova condição que derrogou o poder feminino e transformou a mulher numa escrava do homem como garantia de posse e legitimidade de sua prole. A valorização do filho varão se dá em função desse novo valor e procedimento de submissão. O valor estabelecido nos primórdios da sociedade de classes permanece, *mutatis mutandis*, até os nossos dias.

Vejam que entre os Incas também era necessário algum tipo de justificativa moral, traduzindo uma ordem de privilégios que garantisse a permanência de um grupo de pessoas (governantes e autoridades religiosas) no poder. Não se tratava necessariamente de uma sociedade de classes. Entre os Achuar, citados anteriormente, também havia distinção, a despeito de uma maior linearidade na distribuição de poder. Mas, indubitavelmente, o xamã garantia alguma distinção, que se dava na forma de prestígio. Os mais conceituados eram mais prestigiados e, algumas vezes, quando o feitiço era renitente, podia-se chamar o xamã de uma outra tribo conhecido pela sua capacidade de cura. A sociedade de classes potencializa muito o descolamento entre as determinações materiais que relacionam as necessidades vitais a um determinado tipo de vida e operam um *corpus* de justificativas de ordem metafísica que irão constituir o repertório de conhecimento de um grupo social e, por extensão, de toda a humanidade.

Com o advento do capitalismo, essa forma de produção de subjetividade alcança seu maior potencial e um profundo descolamento de suas bases materiais. Esse modo de produção foi discutido, por nós, em outra publicação (Furtado e Svartman, 2009). De acordo com Marx, em *O capital*, através do efeito fantasmagórico produzido pela mercadoria esta distancia a relação entre valor-de-uso e valor-de-troca, o que acaba colocando o consumo como referência do estar no mundo (Marx, 1982; Heller, 1978). O trabalhador nesse modo de produção é livre para vender sua força de trabalho e ela própria irá se transformar em mercadoria. Assim, o sistema de consumo é mediado pelo valor com que trabalhadores conseguem vender (alugar) a sua força de trabalho. O trabalhador se transforma em consumidor e sua referência de mundo é o quanto ele é capaz de consumir. Assim, sua referência básica passa a ser o valor-de-troca e o segmento de consumo a que ele pertence. O valor de uso se mantém, mas é ocultado pelo efeito fantasmagórico da mercadoria.

Conhecemos muito bem as formas estratificadas de distribuição de renda que servem como parâmetro para as políticas mercadológicas do mercado de consumo. O efeito é tal que todos nós (trabalhadores ou não) sofremos as consequências da falta de referência com relação às nossas reais necessidades. O objeto/serviço é elaborado não a partir de uma real necessidade humana e a partir de um motivo concreto. Assim, o motivo que leva um caçador primitivo à busca da caça é uma necessidade (fome). O motivo induz a ação que se configura na atividade de caça e exige uma preparação específica como a lapidação da pedra para produzir a ponta da flexa ou do arpão. Portanto, trata-se de uma atividade complexa que depende de uma organização psicológica também complexa. É o que Gonzáles Rey (2003 e 2004) chama de configuração subjetiva e inclui a consciência da ação e tudo o que poderá afetá-la, como o medo gerado pelos perigos que envolvem a atividade de caça.

A formação de configurações subjetivas e de sentidos depende da constituição da condição teleológica, que é a capacidade humana de planejar a atividade futura. Esta condição vai nos separar da relação direta com a natureza, e a constituição de um campo subjetivo estabelecerá uma relação complexa entre a carência e a necessidade que será mediada pelo motivo. O motivo é a representação da necessidade como configuração subjetiva, formando um binômio necessidade/motivo que se influenciam mutuamente.

Deste ponto de vista, não haveria necessidade sem a presença de um motivo. Para Gonzáles Rey (2003, p. 243-44), "[...] A necessidade, durante muito tempo, estava associada a uma representação homeostática da psique, dentro da qual a necessidade era representada como um estado dinâmico associado a uma carência. Neste sentido, a visão dominante era aquela proveniente das necessidades biológicas, as que definem um estado emocional ante a ausência de elementos essenciais para a sobrevivência e que se apresentam associadas às chamadas necessidades de autoconservação [...]". O autor aponta a importância de considerarmos a relação necessidade/motivo a partir da inserção cultural e que a Psicologia insistiu, por muito tempo, numa posição que a necessidade entre como carência natural e motivo como efeito estritamente psicológico.

Ora, como aponta Heller (1986), necessidade/motivo é uma relação socialmente construída e historicamente determinada. O ser humano na pré-história, assim que passou a produzir cultura, transformou a atividade em atividade programada, pensada, consciente e, desta forma, passa a controlar o mundo das necessidades. As mais básicas necessidades podem ser transformadas em necessidades de segunda ordem em determinadas circunstâncias. O sacrifício humano, como forma de aplacar a ira de divindades, só pode ser compreendido numa relação histórica específica e de acordo com os parâmetros de conhecimento e crença daquela determinada cultura. Do ponto de vista da relação entre necessidade e o motivo, mais uma vez recorremos a Gonzáles Rey (2003, p. 247):

> Os motivos são configurações subjetivas da personalidade que representam verdadeiras integrações de elementos de sentido, cuja expressão está além da implicação do sujeito em um contexto presente da atividade. Os motivos estão constituídos na personalidade e participam de maneira direta ou indireta na formação de sentidos subjetivos que acompanham as mais diversas atividades e práticas do sujeito. Os motivos apresentam definições relativamente estáveis de sentidos subjetivos associados a certas atividades, representações e sistemas de significação do sujeito.

As relações capitalistas de produção elevam ao máximo essa condição, produzindo um campo subjetivo que separa motivo de necessidade de forma inexorável. O tipo de produção exercida no modo de produção capitalista, particularmente no capitalismo tardio, depende do consumo conspícuo para a sua manutenção. O trabalhador não elabora um motivo relacionado com o que produz. Seu motivo central está determinado pelo valor de sua força de trabalho. Um trabalhador que tenha baixo salário terá uma determinada capacidade de consumo. Suas motivações serão em parte controladas por essa condição, mas como o sistema é o de desejar coisas e como ele é genérico, há a constituição de motivos sem possibilidade de realização.

Em minha dissertação de mestrado (Furtado, 1992) tive a oportunidade de discutir essa relação necessidade/consumo da seguinte forma:

> Em a *Teoría de las necessidades en Marx*, Heller (1986) afirma que não há necessidade natural sem necessidade social. À necessidade natural a autora contrapõe o limite existencial para a satisfação das necessidades e passa a chamar de *necessidades imprescindíveis* a necessidades com carência radical (*notwendingen und radikalen bedurfnissen*). Estas necessidades imprescindíveis são aquelas definidas historicamente e que não estão dirigidas para a mera sobrevivência e para as quais o elemento cultural, a moral e os costumes são decisivos. Ainda de acordo com Heller (1986), "las necesidades necesarias (imprescindíveis na nossa tradução) son aquellas necesidades siempre crecientes generadas mediante la producción material" (p. 35). Mais adiante a autora acrescenta, "[...] Los conjuntos de necesidades respectivamente 'necesarias' y 'de ostentación' o bien 'verdaderas' e 'imaginarias' no poseen para Marx siempre e incondicionalmente un significado económico. Pero la división sólo es interpretable unívocamente mediante categorías económicas, aunque la mayoría de las veces contiene elementos históricos-filosóficos y sustenta muy a menudo acentos valorativos. Se plantea así el problema de la posibilidad de asociar las necesidades o los objetos a que van dirigidas, en función de su contenido y calidad, con las categorías necesidad o de ostentación, o bien si es la que decide si una necesidad y su objeto correspondiente son 'de lujo'" (p. 36/37).

Assim, necessidades imprescindíveis não são mais necessidades que garantam a vida, mas necessidades que o conjunto social considera importantes e sem as quais a vida se torna difícil. O que comemos, nossa moradia, as formas de relacionamento estão definidos não somente pela materialidade que cerca cada uma dessas condições de vida, mas pelo valor simbólico agregado pela cultura. A questão que discutimos no momento é que no modo de produção capitalista esse valor simbólico se descolou do valor-de-uso e a relação invertida coloca o sonho do consumo simbólico como referência do que é imprescindível. Este é o fetiche mencionado por Marx. O objeto a ser consumido passa da categoria da ostentação para a categoria do imprescindível.

Este mecanismo de inversão, permitido pela relação já discutida da causalidade/teleologia/ontologia, produz um valor ético e estético descolado da própria realidade. A relação necessidade/consumo, como apontou Heller (1986), mantém sua base econômica (causalidade), mas subjetivamente é compreendida de outra forma e sua relação material permanece ocultada por um viés ideológico. Toda produção de valores e crenças, de referências simbólicas que fazem parte da realidade e, no caso do capitalismo, justificam a forma aparente do consumo (e também nos convence dessa inversão) é o que chamamos de *dimensão subjetiva da realidade*.

A frustração de não ter acesso a determinado bem de consumo, como ir a uma loja de departamento em busca de uma geladeira de última geração e sair com um produto notadamente inferior em função do preço cobrado, ou a felicidade de adquirir o produto desejado com (ou sem) algum sacrifício, é justificada subjetivamente pelo lugar que ocupamos no espectro social. Define nossa condição de inserção social e, em última instância, justifica a forma de estar no mundo: o lugar que ocupo na escala social. Essa referência é objetiva na medida em que é definida pela minha condição de classe e é subjetiva porque a ela é atribuído valor. O valor de maior ou menor capacidade de inserção social.

Sawaia (1999), ao discutir essa questão, introduz a noção de sofrimento ético-político que está em consonância com o que estamos analisando neste momento. A autora parte da condição dos que estão fora do mercado de trabalho não capacitados para ocupar o exército de reserva. Grupos humanos que compõem os 14 milhões de pessoas que ainda hoje vivem abaixo da linha da pobreza. Formas de inclusão no mundo do trabalho e garantias de consumo mínimo (garantias mínimas de cidadania que os coloca numa condição de pobreza admitida) acabam produzindo o que Sawaia chama de *inclusão perversa* produzindo o sofrimento ético-político. Isso ocorre porque a dimensão subjetiva que justifica a nova condição é uma forma de inclusão que mantém a exclusão. Uma senhora moradora de periferia de São Paulo, que gosta de música clássica, declarou que não frequenta os concertos da Sala São Paulo (sofisticado auditório sinfônico na cidade de São Paulo), quando a programação é gratuita, porque não gosta da forma como é olhada pelos ricos. Nada a impede de frequentar a sala a não ser a sensação de que não está no seu lugar. Este é um exemplo de inclusão excludente e de sofrimento ético-político.

Há uma barreira subjetiva que regula a vida de pobres e ricos e estabelece o padrão de relações — Bourdieu (2007), como já apontamos, diria que se trata das formas de distinção social — que demonstra o que podemos ou não podemos realizar. Somos livres desde que saibamos o lugar que ocupamos.

Vejam que o tipo de vida e a relação de trabalho no capitalismo ocorrem de uma forma especial que impede que se viva a condição exposta no início deste capítulo. O trabalhador no capitalismo é submetido a uma relação de estranhamento do trabalho realizado. Portanto, uma atividade laboral da qual ele não tem nenhum poder de decisão, e sem poder de decisão o que é realizado (o produto de seu trabalho) não está ligado à sua vida e ele não se torna proprietário do que produz. O produto aparece como apêndice de sua atividade e não como condição central (Marx, 2008; Lukács, 2010; Lessa, 2002). Assim, o trabalhador estará alienado da sua própria produção. Há objetos que o trabalhador produz que não têm nenhuma relação com sua vida e há outros que ele compra no supermercado. Há aqueles dos quais ele conhece todo o processo produtivo e outros que estão profundamente diluídos em uma cadeia produtiva e que ele próprio desconhece sua utilidade. Não importa, essa é apenas a aparência do fenômeno. Em qualquer dessas circunstâncias, ele não se sente proprietário de sua própria força de trabalho que é realizadora daquela produção. Descolado do que é realizado, ele não se reconhece no que produz. Svartman (2010) chama de desenraizamento o fenômeno de descolamento do trabalhador de sua própria produção.

A alienação é uma condição objetiva/subjetiva, produzida através de uma base material concreta ocultada ideologicamente na divisão das classes sociais e suas formas de dominação. Esse campo ideológico que oculta a condição de dominação encontra suas justificativas na dimensão subjetiva da realidade. Em outra oportunidade chamamos esse fenômeno de *consciência fragmentada* (Furtado e Svartman, 2009). Citando um trecho da obra:

[...] [falamos] de uma impossibilidade de abstração do processo produtivo na relação entre produção e o consumo por parte do ser humano. Isso porque, ao transformar sua força de trabalho em mercadoria, descolamos uma coisa da outra. Eu não preciso mais pensar na produção para satisfazer minhas necessidades. Como não estabeleço essa relação, minhas necessidades se constituem como algo abstrato — o processo é invertido. Quero porque existe e não porque preciso. Há uma hipostasia do consumo que passa a ser o centro da relação. O trabalhador é transformado em objeto de consumo (sua força de trabalho) e, ao mesmo tempo, é consumidor daquilo que produz. Aqui reside a alienação ou o estranhamento (Furtado e Svartman, 2009, p. 98).

E mais adiante:

Essas dimensões da fragmentação da atividade expressam outra ainda mais fundamental: a fragmentação da noção de propriedade. Como vendedor da minha força de trabalho eu deixo de ter a propriedade daquilo que produzo. Essa é a chave para uma consciência fragmentada: não manter relação com o que está sendo produzido. Neste caso, não importa se sou operário numa fábrica ultrassofisticada, ou operário numa produção artesanal, em que faço o produto inteiro, ou funcionário do escritório de qualquer uma das duas, ou professor, ou advogado, ou dono da fábrica, ou o projetista do produto sofisticado. Assim, quem produz não se vê como consumidor e quem consome não se vê como produtor. Há um descolamento (que é artificial e precisa de justificativa forte — uma dimensão subjetiva da realidade — para se apresentar verdadeiro) da relação produtor/produto (Furtado e Svartman, 2009, p. 102).

Do ponto de vista das configurações subjetivas, como propõe Gonzáles Rey (2003 e 2004), o que se passa é que o sujeito cria zonas de sentido a partir de um campo de significados bem estabelecidos pelas relações sociais dominantes e que são garantidas por todo o arcabouço jurídico, religioso, educacional, familiar e todas as formas de socialização e de controle da subjetividade disponível no campo social. A constituição dessas zonas de sentido é estável e composta de núcleos de sentidos organizados na dialética mantida pelo campo de sentidos e o de significados. De acordo com Aguiar (2006, p. 14): "Os significados são, pois, produções históricas e sociais. São eles que permitem a comunicação, a socialização de nossas experiências. Muito embora sejam estáveis, 'dicionarizados', eles também se transformam no movimento histórico, momento em que sua natureza interior se modifica, alterando, consequentemente, a relação que mantêm com o pensamento, entendido como um processo".

Aguiar e Gonzáles Rey coincidem sobre a relação dinâmica entre sentido e significados e sobre a importância da expressão da subjetividade como zonas de sentidos do sujeito. Mas há algo que não está completamente claro na exposição desses autores. Os campos de sentidos e de significados são produzidos pelo conjunto dos seres humanos numa determinada condição histórica e social. Ambos têm a mesma raiz e fazem parte do mesmo movimento dialético. A subjetividade social e a individual são a mesma coisa com formas e apresentação peculiares. O campo de significados é a particularidade do processo histórico e o campo de sentidos é a sua singularidade. Faces diferentes de uma mesma moeda. Não é possível conceber que o repertório e memória social tenham vida própria, mesmo que assim pareça quando Vigotski afirma ser o campo de significados "dicionarizado". Sobre o assunto, Mészáros (2011, p. 63-4) discutindo consciência individual e coletiva, aponta o seguinte:

> Portanto, encontramo-nos em uma situação verdadeiramente paradoxal. Por um lado, a imitada teleologia da consciência individual é constitucionalmente incapaz de lidar com os desafios globais que devem ser encarados. Ao mesmo tempo, por outro lado, a base da "verdadeira consciência coletiva" — conforme contrastada com as conceitualizações coletivas socialmente determinadas que manifestam características mais ou menos marcantes da "falsa consciência" — não pode ser prontamente identificada. Ademais, enquanto as ideologias individualistas dominantes têm seu equivalente institucional — incluindo a teleologia prática do mercado e a "mão invisível" dessa instrumentalidade interacional "paralelogramática" — que efetivamente opera de acordo com as estruturas prevalecentes da inércia material, o funcionamento bem-sucedido de uma "verdadeira consciência" coletiva, envolvida em um controle global duradouro de suas tarefas, requer um quadro institucional *não inercial* em lugar nenhum hoje em vista, nem mesmo em forma embrionária.

A relação exposta por Mészáros é complexa e requer uma análise mais profunda. Em primeiro lugar, o que ele chama de "consciência coletiva" é o momento em que a classe dominada encontra as condições objetivas e subjetivas da superação da dominação e que ele aponta não estarem prontas no presente momento histórico. Do ponto de vista subjetivo, é o momento em que o conjunto toma conhecimento do seu potencial de transformação e isso ocorre a partir da experiência concreta (práxis), a partir de condições históricas dadas. O fato é que não se trata de uma definição *a priori* de um determinado nível de consciência e não se trata de um conteúdo que possa ser definido idealmente. O autor coloca entre aspas o antigo termo cunhado por Engels, falsa consciência, exatamente para evitar esse equívoco. Ao mesmo tempo, um obstáculo para se chegar à consciência coletiva é a própria consciência individual que está reificada pelo campo superestrutural (jurídico, filosófico, político, artístico, moral) e expressa um campo de valores e crenças de manutenção das relações de produção. Este é o campo "dicionarizado" mencionado por Vigotski e assumido por González e Aguiar. Ocorre que mesmo as formas ideológicas, como se apresenta essa superestrutura, são dinâmicas e funcionam de acordo com a negatividade positiva. Modo dialético que inverte a relação, transformando em verdade a aparência do fenômeno social e ocultando suas contradições.

As configurações psicológicas estão submetidas a essa condição e a dinâmica de liberdade pessoal, argumentada por Gonzáles, é a liberdade controlada pela expressão de cunho ideológico da produção social. Há sim movimento e autonomia na expressão singular, na produção de sentido, mas como condição expressa da posição do sujeito no mundo capitalista (como é o caso da noção de liberdade) que se constrói como indivíduo de livre expressão. Mas essa expressão se dá no contexto de uma cultura e do controle social a partir de crenças e valores bem definidos.

A sociedade norte-americana é um bom exemplo dessa dinâmica. Trata-se do polo mais desenvolvido do capitalismo e lugar no qual a noção de indivíduo chega ao seu máximo desenvolvimento no período histórico em que vivemos. A noção de direito individual é levada ao limite, como é o caso do direito de autodefesa do cidadão com a possibilidade de ser armar para esse fim. O direito de cada um se coloca acima do direito coletivo de proteção da cidadania. A venda autorizada de armas (em alguns casos de grosso calibre) já provocou tragédias bem conhecidas, como o caso da escola de *Columbine*. A autonomia do indivíduo, como ser legítimo em última instância, constitui um tipo de pensamento coletivo a partir de cada consciência e não a partir das construções subjetivas coletivamente construídas. Entretanto, o campo de valores e crenças não é a resultante do que pensa cada cidadão norte-americano, mas a produção histórica e social desse povo. A polarização em torno do indivíduo permite que o valor de manutenção do Estado norte-americano, como o controle de classes e o controle de todo tipo de segmento social que será submetido a algum tipo de controle (conflitos étnicos, por exemplo), seja, através da negatividade positiva, escamoteado e ocultado nas relações cotidianas. De tal forma, fica difícil a apropriação pelo coletivo de uma consciência coletiva de caráter transformador. Assim, a capacidade humana de *automediação*, como a define Mészáros, estará submetida a uma dinâmica histórica que a limita a uma determinada possibilidade de totalização que, por sua vez, é mediada pelas formas de controle superestruturais.[11]

Para a análise que fazemos aqui, fica claro que as expressões de crenças e valores, que justificam moralmente a exploração da classe operária (trabalhadores em geral) e que tem raiz no ideário formulado no Iluminismo e institucionalizado a partir da Revolução Francesa, além dos processos vividos pelos Estados Unidos e pela Inglaterra e consolidados com as revoluções de 1848 e a constituição do Estado Nacional republicano, foram produzidas historicamente com a participação humana, de pessoas com seus sentidos, seus desejos, sua ambições, representadas e sintetizadas na voz de revolucionários, filósofos libertários e pelo cidadão que acreditou na possibilidade de mudança. Engels (2011), em *Socialismo utópico e socialismo científico*, apre-

---

11. De acordo com Mészáros (2011, p. 56): "Nesse sentido, a história deve ser concebida com fim necessariamente aberto, em virtude da mudança qualitativa que ocorre na ordem natural das determinações: o estabelecimento de um quadro único de necessidade (*necessity*) ontológica do qual a *teleologia humana automediadora* é, em si, parte integrante". E mais adiante: "2. Outra condição inevitável que reforça a abertura radical do processo histórico, com todas suas implicações positivas/negativas, bem como negativas/positivas, diz respeito à *permanente presença estrutural das determinações materiais básicas* no metabolismo social em mutação. Pois não importa até que ponto as determinações materiais diretas sejam deslocadas no curso do desenvolvimento histórico, elas permanecem sempre *latentes* sob a superfície dos mecanismos de deslocamento e podem ressurgir de maneira substancial no horizonte até mesmo da sociedade mais avançada, inclusive, de uma genuinamente socialista" (p. 58; grifos do próprio autor).

senta uma bela passagem em que diz que o ideal de liberdade, fraternidade e igualdade logo se revelou ser liberdade, igualdade e fraternidade para os burgueses, a nova classe dominante, mas no calor da batalha todos acreditaram nas premissas e, podemos afirmar com segurança, estas ainda são os pilares éticos da sociedade capitalista. Mas, como afirmou Engels, de tal forma que tais princípios sirvam ao encobrimento das formas de exploração e dominação.

Há, de fato, uma contradição que reflete a contradição de classes ocultada na relação social e de trabalho na forma como se apresenta no atual modo de produção. O campo de sentidos é artificialmente separado do campo de significados, e crenças e valores se apresentam como dados, como valores extraterrenos que parecem valer desde todo o sempre. Essa contradição está expressa, como apontamos quando discutimos relações de trabalho, na consciência fragmentada e é a fonte dessa fragmentação. A superação da fragmentação não ocorre no plano do sujeito e só é possível na experiência concreta do conjunto no confronto com as forças que subjugam as classes em condição de dominação. As experiências de classe (mas não somente elas), na tentativa de questionar o capital através das greves, dos enfrentamentos políticos contra governos, das revoltas populares, são momentos que permitem vislumbrar a possibilidade real de transformação social. Movimentos dessa ordem mobilizam fortemente quem participa e quem não participa, e todos são afetados. A decisão de um cidadão egípcio em caminhar até a praça *Tahir* durante a convocação para as manifestações contra o regime, em fevereiro de 2011, dependia de uma zona de sentido e de uma configuração subjetiva. Ao mesmo tempo, essa zona de sentido é alimentada pelos quarenta anos de ditadura vivida por aquele povo e também por todos os valores conservadores disponíveis apontando para a manutenção do *status quo*. Quem define que é aquele o momento e não antes ou depois? São as condições históricas concretas que permitem que se alinhave e se consolide a noção de que já basta e que tal decisão está madura do ponto de vista da zona de sentido. Mas o fato é que não se sabe disso antes da hora e mais uma vez cabe a concepção apresentada por Lukács da relação entre causalidade, teleologia e ontologia e que ele denomina de *post festum*. Havia disponibilidade subjetiva, mas somente e juntos na praça é que se configura uma dimensão subjetiva da realidade favorável à mudança, e as pessoas reunidas percebem que estão dispostas a superar todos os limites. As mortes ocorridas no enfrentamento atestam isso. Mesmo assim, depois de um radical enfrentamento que derrubou a ordem constituída (queda do governo Hosni Mubarak), a ordem social não foi superada e se instaura um governo de transição que irá garantir direitos suprimidos pelo governo anterior. Portanto, a consciência social caminha até um determinado patamar que permite que cada indivíduo considere, do ponto de vista do sentido pessoal, que a tarefa está cumprida.

A esse respeito recorremos mais uma vez às posições de István Mészáros (2011, p. 101) que nos diz:

> [...] a "emancipação plena" da arte, filosofia etc. do domínio do capital é inseparável do "fenecimento" da superestrutura jurídica e política enquanto tal. Uma vez que sob o sistema prevalecente, como já mencionado, as partes não jurídicas/políticas da superestrutura só podem ter acesso às condições de seu funcionamento efetivo por meio da mediação necessariamente enviesada da superestrutura jurídica e política, há uma tensão *prima facie* entre as duas. Sob circunstâncias favoráveis, essa tensão pode assumir a forma de contestação crítica emancipatória. Com efeito, pode-se corretamente afirmar que há um interesse emancipatório genuíno no lado da arte, da teoria social crítica etc., oposto à superestrutura jurídica e política sempre que esta mantiver sua preponderância normativa no processo global de reprodução. Tal interesse emancipatório, entretanto, deve estar localizado em uma capacidade de ação social empiricamente identificável como sua portadora [...].

Adendamos que mesmo no caso da legítima contestação da superestrutura jurídica/política vigente ela pode se dar no patamar de uma vaga emancipatória que percorre o caminho até um determinado patamar exigido pela dimensão possível da consciência social, para voltar, depois de cumpridas as tarefas de enfrentamento pontual (o caso da derrubada do governo Hosni Mubarak), ao patamar anterior sem questionar o ordenamento jurídico/político vigente. Mesmo assim, um novo repertório, como já afirmamos, compõe a memória coletiva e o campo de significados construídos pela experiência das massas, e que irão constituir o ser social e um novo repertório pessoal que redefine o sujeito da ação.

No momento grave e emocionado do enfrentamento há um processo de esclarecimento apoiado pela experiência concreta de autopoder. Aqui a cons-

ciência se desfragmenta pela força do processo de enfrentamento. Tal enfrentamento tem como móvel último a dominação de classes, mas pode se expressar em muitas outras relações, como o enfrentamento realizado pelos estudantes chilenos por ensino público e gratuito ou pelos estudantes de Terezina (PI) contra o aumento do preço do transporte coletivo. Processos de enfrentamento podem ser rápidos (como o que derrubou o governo de La Rúa na Argentina em 2001) ou demorado, levando à guerra civil como acontecido na Líbia em 2011. Algumas vezes se transformam em luta de libertação nacional como no Vietnã. Mas podem, também, ser de ordem doméstica como a reivindicação de um grupo de operários numa fábrica ou de estudantes numa escola, ou mesmo relações de gênero ou de gerações. A intensidade determina até que ponto a desfragmentação se processa. Entendemos como desfragmentação o nível de esclarecimento obtido no processo coletivo sobre o exercício do poder de uma classe sobre a outra, suas formas de enfrentamento (atividade concreta de realização da luta de classes ou de segmentos submetidos a algum tipo de submissão) e o reconhecimento coletivo de um novo patamar de relação.

A noção de direitos dos trabalhadores foi sendo lentamente esgarçada e reconstruída ao longo da relação entre patrão e empregados nos últimos cem anos. Horário da jornada de trabalho, direito à folga semanal, aposentadoria e outros direitos dos trabalhadores foram conquistados a duras penas e longos enfrentamentos. Outros mais, que atualmente não são reconhecidos, estão na pauta do movimento dos trabalhadores (como a jornada de quarenta horas no Brasil). Há um momento em que o conjunto dos trabalhadores estará convencido da importância do objeto em disputa e encontra respaldo social para fazer valer sua reivindicação através de seus mecanismos de luta (greve, negociação, luta parlamentar etc.).

Cada processo vivido se transforma em repertório da humanidade que se apropria da experiência concreta desses coletivos. Desde a primeira greve operária, desde a Revolução Francesa e de todos os processos de maior ou menor intensidade que demonstraram para a humanidade que é possível sonhar e que isso depende de coragem para o enfrentamento.

No caso em que o enfrentamento redunda em reorganização de forças progressistas que não superam o modo de produção, como foi o caso da derrubada das ditaduras do Chile, Argentina, Brasil, o avanço da consciência permite que se evite o mesmo erro histórico, mas não representa uma transformação radical com a mudança do modo de produção. Assim, resolvida a tarefa a que o coletivo se propôs, a consciência retoma a sua condição fragmentada, condição para a vida cotidiana e de relações de sociabilidade nas condições sociais historicamente determinadas.

Esta é uma importante discussão, que trata da relação entre movimento político e consciência social e foi realizada por Marx (2011) em *O 18 de brumário de Luís Bonaparte*, texto no qual o autor analisa o governo do sobrinho de Napoleão, após a derrota deste e o processo de restauração da monarquia na França. Napoleão III se aproveitou da crise da monarquia de Luís Felipe e a instauração da Assembleia Constituinte, a partir dos enfrentamentos de 1848, e retornou do exílio candidatando-se ao cargo de presidente da França para a instauração da Segunda República. Entretanto, prepara um golpe que reconstitui o império se tornando ele o imperador da França de 1852 a 1870. O 18 de brumário foi a data (do calendário revolucionário de 1789) em que Napoleão instaurou o Consulado na França, em 1799, momento em que a burguesia, de fato, assume o controle da nação. Marx atribui esse nome ao seu texto, chamando de 18 de brumário o golpe de Luís Napoleão (sobrinho do primeiro Napoleão) e considerando que a tentativa de repetir o tio foi feita na forma de farsa e cunhou a famosa frase de que a história não se repete, somente se repete na forma de farsa!

O ponto central dessa análise está no fato de que Napoleão Bonaparte recebeu o apoio de forças vivas da sociedade (a burguesia) e com essa base social instaurou um governo pró-burguês que pacificou a França e, ao mesmo tempo, garantiu o poder burguês frente aos arroubos revolucionários dos jacobinos (que estavam divididos). Napoleão III, por sua vez, promoveu o levante do *lumpen proletariat* (os mais pobres) através da organização de um exército de apoiadores que não tinha base social e que representava apenas os interesses de poder pessoal de Luís Bonaparte e os interesses pecuniários dos pobres arregimentados através do soldo (Marx fala ironicamente a troco de aguardente e salsichas). O que Marx aponta é a qualidade de uma consciência social (a consciência burguesa) que alimenta o movimento de tomada do poder frente a um outro golpe que encontra a burguesia já instalada no poder.

Napoleão III manipula o movimento de massas e, ao mesmo tempo, garantindo sua coroação, mantém as relações políticas no mesmo patamar. Não há nenhum movimento do ponto de vista da consciência social.

Importante acrescentar que o final do Segundo Império em 1870, com a derrubada de Napoleão III (em crise promovida pela guerra prussiana), foi seguido da Comuna de Paris, primeiro levante operário da história e que instaurou um governo proletário em Paris. Vejam que o período histórico conturbado produziu ensinamentos que foram assimilados pela nova classe dos trabalhadores, enganada e derrotada após o período revolucionário de 1848, no decorrer dos oitenta anos de experiências produzidas desde a Revolução Francesa. A Comuna de Paris foi vitoriosa, mas permaneceu por pouquíssimo tempo no poder, que foi recuperado de forma dramática pela burguesia.

Por fim, é preciso mencionar que as novas formas de sociabilidade, com base nesta relação social e suas condições concretas, estão submetidas às contradições sociais e são bem complexas. A contradição também se expressa nas dimensões subjetivas da realidade. O processo de socialização a que somos submetidos não é linear, as condições de causalidade são diversas e permitem situações que negam o capitalismo de várias formas. Formas periféricas, que não colocam em xeque o modo de produção, estão presentes no nosso cotidiano como, por exemplo, o tipo de vida que leva alguém que trabalha com artesanato. Esta atividade combina uma forma antiga de produção e, ao mesmo tempo, aponta para um tipo de vida não capitalista. Como se trata de uma forma isolada de combate ao modo de produção, ela acaba por sucumbir ao sistema. O artesão que domina a sua própria produção ganha o suficiente para consumir o que se produz socialmente e, neste sentido, acaba não diferindo de qualquer outro trabalhador, apesar de sua opção levá-lo para uma condição mais saudável de vida sem a superexploração de sua força de trabalho. Outras formas são mais contundentes como o caso das greves de trabalhadores, que colocam em xeque o sistema produtivo, mas, em última instância, acabam sucumbindo a sua dinâmica econômica que circunscreve a venda da força de trabalho e o aumento de salário, mesmo representando um ganho real, mantêm as relações de produção. Há as formas conscientemente anticapitalistas representadas pela ideologia partidária (os partidos socialistas) e pelas ações de grupos como os que se reúnem no Fórum Social

Mundial, principal polo de discussão anticapitalista da atualidade, ou em movimentos sociais antiglobalização ou o Movimento dos Trabalhadores Sem-Terra no Brasil. Portanto, a negação do capitalismo é uma força viva no seio do próprio sistema capitalista e é a base para a discussão que se segue da possibilidade de forças solidárias exercerem formas concretas de luta e construírem um campo alternativo, caracterizado por uma dimensão subjetiva que sirva como cunha e questionamento das formas conservadoras e de manutenção de um sistema injusto.

4

TRABALHO E SOLIDARIEDADE

Por fim, voltamos à relação entre trabalho e solidariedade, agora analisando a construção de alternativas concretas e experiências realizadas particularmente no Brasil no campo da Economia Solidária, considerando nessa análise a inserção do trabalho dos psicólogos e a constituição de um campo que definimos como compromisso social e que dá nome à coleção que publica este livro.

Para melhor compreendermos a relação entre trabalho e solidariedade, vamos retomar sinteticamente alguns dos pontos trabalhados anteriormente. Para tanto utilizo parte do argumento usado em outra oportunidade.[1]

As bases econômicas e sociais estão diretamente ligadas à reprodução das relações de produção e se relacionam intimamente com a produção direta e indireta de bens de consumo. Aqui temos as determinações que organizam o mundo do trabalho nas relações possíveis: empregador, empregado, trabalhador autônomo etc. Mas há uma dimensão mais ampla que é a dimensão da vida e que se expressa através do cotidiano. Esse cotidiano é regulado pela maneira como se dá objetivamente a reprodução das relações de produção

---

1. Furtado (2010), Encontro realizado pelo CFP — Seminário Nacional Psicologia Crítica do Trabalho na Sociedade Contemporânea — Belo Horizonte, 2009 e publicado em *Psicologia crítica do trabalho na sociedade contemporânea*. Brasília: CFP, 2010.

por meio do quadro de normas, valores, crenças, representações necessárias para a manutenção e reprodução de suas bases materiais que já analisamos quando discutimos a relação entre a base estrutural e a superestrutura. É o que José de Souza Martins (1978) chama de modo capitalista de pensar. Mas ele não é o único a discutir o fenômeno e muitos autores de diferentes matizes fazem afirmações semelhantes, apontando para o campo de construção de significados da cultura que são historicamente determinados e justificam de alguma forma a reprodução social. Do ponto de vista da psicologia sócio-histórica é o que denominamos de dimensão subjetiva da realidade.

O processo de construção e justificação desse cotidiano é complexo e se descola de sua base material de forma bastante intensa. Trata-se de processo simbólico mediado pela linguagem e produtor de sentido e significado que induz os processos de alienação e as formas de consciência fragmentada (Furtado e Svartman, 2009). Esse descolamento exige uma justificação do tipo de vida que levamos e serve para garantir como fenômeno natural a separação entre produção e trabalho, estabelecendo o emprego como forma de trabalho *par excellence*, a naturalização da pobreza, da iniquidade, das diferenças de raça, gênero etc. Serve para justificar a vida em uma sociedade de classes, encobrindo a razão que a determina e explicando-a como acaso, competência, sucesso (ou o seu inverso), os acertos e erros dos indivíduos e sua presença em determinado segmento social. Descolados das bases materiais que nos determinam, vivemos voltados para os problemas cotidianos e para nossos sentidos pessoais que nos definem como pessoas autônomas e responsáveis por si.

Vivemos a vida como contingência (eventualmente como desígnio dos céus) e buscamos resolver nossos problemas conforme eles aparecem. Poupamos para ter um futuro mais tranquilo, trabalhamos para consumir, para ter onde morar. Como a ordem é meritocrática, quem tem mais será mais reconhecido e quem tem menos ou não tem nada será condenado ao esquecimento. Todas as justificativas estão disponíveis em um campo de significados e constituem o repertório historicamente construído que vela as relações que produzem as diferenças sociais. Desta forma, tais diferenças se apresentam como produto de ordem fantasmagórica e não como produto das reais relações de produção e de exploração e expropriação da riqueza dos trabalhadores.

Esse campo de significados é compartilhado genericamente e, exatamente por ser objeto de ocultamento dos conflitos de classe, se apresenta como conteúdo simbólico que justifica a nossa inserção no mundo. Serve ao empresário, ao operário, ao morador de rua, ao aposentado, à criança rica e à criança pobre e é lapidado através do sentido pessoal, justificando nossa posição social, garantindo que quem está bem está em função de seus méritos (seus próprios, de sua família, de seu segmento social) e quem não obteve sucesso deve isso a sua própria competência ou escolha (também próprio, da família ou do segmento social).

Ocorre que esse processo se dá através de um movimento dialético e o campo de afirmação e de reprodução das relações de produção carrega a possibilidade da negação dessas próprias relações de produção, e todos estamos apostando, trabalhando, militando ou esperando a possibilidade dessa negação. A superação das formas de dominação está na pauta desde o momento em que a dominação se configura e, apesar de a pedra de toque do capitalismo ter sido a exploração da mais-valia e somente ter chegado ao estágio atual por essa via, desde o seu início está em questão a possibilidade de sua superação. Foi assim que a Comuna de Paris, em 1871, se tornou o primeiro governo proletário da história e foi também pelo fato de que o capitalismo não havia completado seu desenvolvimento histórico que ela foi derrotada. O processo de negação é exercitado o tempo todo em ações de grande porte, como as grandes greves operárias, ou em ações de pequeno porte, cotidianas, como o conflito entre um chefe e um subordinado, um aluno e um professor em sala de aula, como ocorre no filme francês *Entre os muros da escola*, dirigido por Laurent Cantet (2008). Ocorre de forma organizada através dos movimentos sociais, como o MST, ou de forma espontânea quando um grupo de pessoas se revolta contra uma situação de injustiça. Toda a mobilização que levou a derrubada do czar na Rússia em 1917 e culminou na maior revolução de massas que se tem notícia teve início através da mobilização de um grupo de mulheres no setor das indústrias de Petrogrado (São Petersburgo) que queriam discutir a situação da mulher trabalhadora no dia 8 de março.

Todo esse argumento é posto no sentido de justificar que todo e qualquer tipo de enfrentamento, planejado ou não, é parte do processo de negação da ordem capitalista e caminha na direção da negação da negação, que vem a ser a superação desse modo de produção. As formas de negação, quando não se realizam como negação da negação, não representam superação. Muitas vezes podem produzir retrocessos, podem produzir mudanças de pequena monta ou podem não ter efeito nenhum, mas ajudam a construir a memória das lutas e confronto de classes que se contrapõem ao repertório conservador. Ensinam-nos que é possível resistir e acreditar em utopias e a ter esperança de que é possível pensar em um mundo melhor. Esse movimento, que aproveita a contradição do capitalismo — somos livres para vender nossa força de trabalho, mas somos livres ao mesmo tempo para pensar como sermos livres incondicionalmente —, permite a produção de concepções libertárias e anticapitalistas no interior do próprio capitalismo.

As características desse modo de produção propiciam o embate de ideias que era quase impossível nas formações anteriores a ele com estratos sociais definidos mais rigidamente. O capitalismo depende da crença (do seu campo ideológico) para sua manutenção e essa é sua pedra de toque e ao mesmo tempo a sua fragilidade. É o que abre o flanco para o exercício da negação de forma sistemática e organizada como a existência legal do MST, dos sindicatos e das centrais sindicais, dos movimentos de defesa da cidadania, do meio ambiente, de raça/etnia, gênero, sexualidade e tantos outros que se opõem de forma mais direta ou indireta ao *status quo* ou à estrutura social.[2]

É nessa dimensão que se inclui o movimento da economia solidária. Trata-se de um movimento que se coloca contra o capitalismo e ao mesmo tempo convive com sua estrutura. Nas suas ações imediatas, como a incubação de cooperativas populares, a economia solidária encontra uma saída para um contingente de pessoas que representam a sobra do exército de reserva da mão de obra. Neste sentido, colabora com uma tarefa que deveria ter sido cumprida pelo próprio capitalismo brasileiro e que, historicamente, foi negligenciada pelas classes dominantes desse país. Bem, se eles não cumprem o seu papel histórico e mantêm um enorme grupo de pessoas em condições pré-capita-

---

2. Deve ficar claro que estamos analisando aspectos da superestrutura e que ela está irremediavelmente ligada à sua base material e concreta. A verdadeira contradição do capitalismo é a sua divisão em classes sociais e a objetiva exploração do trabalho através da mais-valia. Assim, a transformação desse modo de produção não depende somente da vontade dos agentes dessa mudança, mas das condições materiais concretas.

listas em pleno século XXI, o problema será resolvido pelo próprio segmento dos que não detêm os meios de produção. Mas a política da economia solidária é muito mais ambiciosa que isso e sua proposta de formação de rede, em última instância, prevê a própria transformação do capitalismo através da contaminação da economia formal pela solidária, como um sistema que crescerá dentro do outro substituindo a forma tradicional pela alternativa. Há certa ingenuidade na proposta, mas ela é calculada e realizada através da retomada dos princípios do que se denominou socialismo utópico (Singer, 2000 e 2002).

Singer não está sozinho e além de inúmeros autores e militantes do movimento da economia solidária que ele introduziu no Brasil, outros autores, como Holloway (2002), se alinham à perspectiva de romper o capitalismo "por dentro". Consideramos que não se trata de uma proposta alinhada à concepção social-democrata, como já analisamos anteriormente (Furtado e Svartman, 2009), mas a posição que o próprio Singer denomina como utópica se produz a partir de uma visão crítica das alternativas até hoje realizadas no campo do socialismo. Apesar de não nos alinharmos com essa alternativa, reconhecemos sua seriedade e compromisso.

Para Holloway (2002, p. 10), o enfrentamento atual depende de uma tomada de consciência e de uma ação militante:

> La teoría crítica o de crisis es la teoría de nuestro choque con el entorno. La humanidad — en todos sus sentidos — choca cada vez más con el capitalismo, se le hace cada vez más y más difícil conformarse a medida que el capital exige más y más. Sencillamente, cada vez más gente no encaja con el sistema o, si tratamos de ajustarnos al capital como al lecho cada vez más pequeño de Procusto, lo hacemos con frecuencia al costo de dejar atrás fragmentos de nosotros mismos. Ésta es la base de nuestras grietas y de la creciente importancia de una dialéctica de la inadecuación. Queremos saber cómo golpeando una y otra vez nuestra cabeza contra la pared lograremos derribarla.

Desta forma, nas suas ações cotidianas a economia solidária pretende operar a negação constante do capitalismo através de ações bem-sucedidas de dispositivos econômicos populares e operários e, estruturalmente, se colocar como substituto do capitalismo como uma forma de produção baseada em princípios que negam e superam a concorrência como modo típico de regulação da produção capitalista. Neste caso, pretende operar a negação da negação e superar o capitalismo definitivamente.

O nó górdio da proposta da economia solidária, é, evidentemente, a solidariedade. A solidariedade representa a sua saída e, ao mesmo tempo, o seu obstáculo. Sabemos que não existe a noção de solidariedade de forma abstrata, não se trata de um padrão inscrito na natureza humana. A solidariedade é uma relação humana socialmente construída e, ao mesmo tempo, antes que pudesse receber esse nome, foi uma ação necessária para a sobrevivência humana, quando se compartilhava alimento e proteção na horda primitiva. A aquisição da linguagem, o estabelecimento da cultura e o desenvolvimento da história da humanidade regraram, sistematizaram, produziram parâmetros morais e éticos que foram, ao longo do tempo, definindo e redefinindo a noção de solidariedade. A cada momento e conforme a exigência do momento histórico e das relações de trabalho historicamente definidas, a noção de solidariedade ganhou uma determinada importância, maior ou menor conforme a circunstância e exigência superestrutural da ordem jurídica e moral do momento vivido.

De qualquer forma, o termo tem longevidade e papel importante, ora central e ora subalterno, e nos acompanha ao longo dos séculos. Para Eagleton (2010, p. 118), que discute a não solidariedade do ponto de vista de sua função ética, o termo é consolidado no Novo Testamento, mas a concepção cristã em voga ainda hoje, segundo o autor, se origina com os filósofos gregos estoicos:

> En los evangelios de san Marcos y san Mateo, "el prójimo" significa tan sólo la otra persona, ya sea amigo, conocido, enemigo o extraño. Huelga decir que esta doctrina no fue ideada por el cristianismo: para los antiguos, todos los hombres eran ciudadanos del mundo, y todos los seres humanos eran prójimos. San Lucas, fiel a la tradición del Antiguo Testamento, para la que "el projimo" alude a los judíos oscuros, socialmente inferiores y necesitados de protección, considera que el amor a nuestros semejantes se realiza más plenamente en la preocupación por los desamparados e indigentes. El prójimo es todo aquel que está en peligro. Para los profetas y autores de los libros sapenciales, "el prójimo" remite, ante todo, a los pobres. Los judíos de la diáspora universalizaron el término para incluir a todos los seres humanos.

Essa concepção moral da solidariedade, através das religiões vivas, perdura até os nossos dias e vai se adaptando aos momentos históricos compondo a significação exigida pelo tipo de vida em cada um deles.

Outro importante autor, Émile Durkheim (2008 [1930]), considerado o pai da Sociologia e um dos grandes formuladores do Positivismo, considera que a solidariedade é uma forma avançada de artifício moral utilizado pelas sociedades modernas. Para ele, a solidariedade exercida no que ele chama (a sua época) de sociedade primitiva (e inferior) utilizada para garantir padrões de sobrevivência e de sociabilidade mínima é a solidariedade mecânica e que não ajuda a constituir uma consciência coletiva. Por outro lado, a solidariedade orgânica é gerada pela divisão do trabalho social, na sociedade moderna, e constitui uma forma superior de organização para além da organização entre indivíduos, constituindo uma consciência coletiva que é superior à consciência individual. A solidariedade orgânica induz à produção de uma noção de direito coletivo que irá regrar a vida social e garantir a prática do altruísmo. Ao indivíduo cabe se adaptar, através de sua socialização, aos padrões sociais.

Evidentemente, Durkheim não leva em consideração as contradições sociais nem faz uma análise histórica do capitalismo. Ele constrói uma metáfora biológica considerando a sociedade e a cultura como um organismo que evolui e que chega ao seu melhor estágio naquele momento de sua análise.

Mencionamos duas visões sobre a noção de solidariedade, em detrimento de muitas outras (o próprio Eagleton faz uma pormenorizada análise partindo de Hume, passando por Espinosa e Kant, chegando a autores bem atuais), já que no momento não nos interessa aprofundar uma discussão de caráter moral ou ético. Basta saber aquilo que anunciamos na introdução, que o capitalismo, ao contrário do que imaginava Durkheim, trabalha com a exacerbação do individualismo e com o incentivo à competitividade. Mas o valor social atribuído à solidariedade, em parte pelo viés religioso e em parte por conquistas humanas indeléveis, é extremamente positivo e exercido como condição atenuante ao princípio da competitividade. Do ponto de vista moral são consideradas legítimas e salutares a competição para o ingresso numa universidade (vestibular), as competições esportivas e a quebra de recordes e a competição entre empresas, como forma de manutenção dos preços. Do ponto de vista negativo, considera-se que uma vida baseada na competição por cargos, salários e por promoções na carreira ou competição em sala de aula para disputar a condição de melhor aluno é prejudicial a um tipo de vida mais harmônica, e pessoas muito competitivas nestas áreas são vistas com restrições, mesmo quando valorizadas pelos responsáveis imediatos, como chefes ou professores.

O exercício da solidariedade, por sua vez, é sempre bem-visto e pessoas solidárias e altruístas recebem reconhecimento e distinção. A figura de Gandhi é idolatrada assim como a de Che Guevara. Ambos representam ícones de matizes diferentes (um pacifista e um revolucionário) que dedicaram parte de suas vidas ao bem comum. É curioso vermos signos que representem a figura do Che nas mais variadas circunstâncias como o colante em um carro de luxo ou na propaganda de uma borracharia de beira de estrada. Mas é também fato que a solidariedade é assim vista porque se trata de excepcionalidade e seu exercício não faz parte do cotidiano. Ao mesmo tempo não se trata de uma noção exótica ou estranha e, de certa forma, ela é exercida como valor importante, mas como ação periférica (parece não caber no cotidiano das relações de trabalho e relações de sociabilidade).

Podemos sonhar com um mundo mais solidário e esse sonho, certamente, faz parte do ideário de inúmeras vertentes do pensamento humano. Do ideário cristão ao budista, do comunista ao libertário e tantos outros que apresentam uma expectativa de um mundo melhor. Não estará presente na visão pragmática de um *board* de uma grande corporação capitalista, que irá considerar esse tipo de utopia uma grande ingenuidade.

Do ponto de vista da exploração das contradições do capitalismo, como já discutimos anteriormente, a positividade negativada permite aproveitar as brechas, as gretas como propõe Holloway, para se avançar nas conquistas que aplainam o caminho para esse novo mundo.

Experiências solidárias: a alternativa em debate

O esgarçamento das fissuras sociais é, em determinadas circunstâncias, o caminho para a ruptura. O mais imediato é o enfrentamento exercido pela organização dos trabalhadores lutando por melhores condições de trabalho. O aumento do custo da força de trabalho é sempre considerado inviável pelo empresário que argumenta com a possibilidade de quebra da empresa (o aumento do custo da produção levará à perda de mercado, fechamento da empresa e desemprego). Entretanto, a história demonstra que todas as conquistas dos trabalhadores foram perfeitamente absorvidas pela economia e, no final das contas, acabam melhorando o próprio mercado. Mas sem o enfrentamento elas não ocorrem e prevalece o argumento inercial do empresário que, em última instância, recorre sempre à exploração da força de trabalho como sua alternativa mais favorável e de menor custo.[3]

> Nesta dimensão também é possível e estão sendo construídas alternativas concretas e boas experiências são encontradas. Formas de ação solidárias no campo da microeconomia, como o caso das fábricas coletivizadas por trabalhadores. Trata-se de casos de massa falida que não têm como pagar a dívida trabalhista e a justiça acabou arbitrando pela concessão do espólio aos trabalhadores, detentores da dívida, que se organizaram em cooperativa para manter a fábrica funcionando, e a experiência acabou dando um bom resultado. Hoje são várias as experiências desse tipo com êxito garantido que estão organizadas pela Anteag (Associação Nacional de Empresas de Autogestão), Uniforja (Cooperativa Central de Produção Industrial de Trabalhadores em Metalurgia), Unisol (Central de Cooperativas e Empreendimentos Autogestionários do Brasil), entre outras.[4]

---

3. É o corolário da equação representada pelo nosso mercado: fragilidade da produção, fragilidade da organização dos trabalhadores, ganância exacerbada do nosso empresariado, força desequilibrada da cadeia revendedora ou do importador que pressiona o produtor. Verificamos situações mais graves que ajudam a compreender a situação dos nossos trabalhadores e seu nível de organização. É o caso de trabalhadores bolivianos quem vêm trabalhar clandestinamente nas confecções da cidade de São Paulo. A situação de ilegalidade permite a sobre-exploração desses trabalhadores que se conformam com esse tipo de trabalho, porque se dizem mais explorados pelo empresário boliviano. Assim, nosso mercado é frágil e, ao mesmo tempo, é o mais organizado da América Latina.

4. Veja o artigo de SOUZA, G. M.; NUNES, T. F. O processo de ocupação/recuperação de fábricas ocupadas na América Latina. *Revista HISTEDBR On-line*, Campinas, número especial, p. 285-292, maio 2009. Disponível em: <http://www.histedbr.fae.unicamp.br/revista/edicoes/33esp/art18_33esp.pdf>. Acesso em: 5 abr. 2010.

Este tipo de experiência coloca em questão o tipo de gestão exercida pela empresa capitalista e demonstra ser possível uma alternativa que priorize a força de trabalho. Evidentemente, ela não se realiza de forma tranquila e sem problemas. Primeiro, ela enfrenta o sistema de concorrência capitalista que não prima pela lealdade e, além disso, quer ver este tipo de experiência pelas costas. Segundo, não há acúmulo de conhecimento alternativo que favoreça esse tipo de experiência e é preciso adaptar o conhecimento desenvolvido para a empresa capitalista de cunho concorrencial. Assim, a empresa que tiver êxito e aumentar sua produção necessitará de mais operários. Como se dá o ingresso de novos operários? Serão contratados como trabalhadores como em qualquer outra empresa ou serão admitidos como sócios cooperativados? Qual será o critério neste caso? Além disso, a remuneração será feita como distribuição de lucros ou haverá pró-labore para o trabalho executado conforme a exigência do cargo e distribuição do excedente igualmente compartilhado (lucro)? Quem toma decisão, a assembleia dos sócios ou a diretoria eleita? Estas questões estão presentes no cotidiano vivido por estes trabalhadores e eles necessitam de uma teoria de administração alternativa para desenvolver de forma científica a sua proposta.

> A Psicologia também é chamada para enfrentar e solucionar o problema. Há um tipo específico de problema relativo à gestão de pessoas que aqui é de outra ordem. Não é suficiente a adaptação do que é realizado na empresa capitalista tradicional. É preciso pensar a organização e o trabalho superando sua contradição e, ao mesmo tempo, saber como enfrentar a concorrência desleal de quem usa a superexploração do trabalhador (o ideal será a obtenção de outro tipo de regulação).

Além do foco neste tipo de experiência, temos ainda as experiências de caráter popular. São as cooperativas populares apoiadas pelas incubadoras e que atendem a um contingente de pessoas que estão em situação de vulnerabilidade social. Não exclusivamente pessoas em situação de vulnerabilidade social, mas trata-se de uma combinação do fator social e do fator político do papel que deve cumprir uma incubadora.

O Brasil vive um processo de adensamento urbano desde a década de 1930 e que não está concluído. Uma massa de moradores da zona rural migrou para as cidades neste período e provocou o adensamento do exército de reserva para muito além da capacidade de absorção do mercado de trabalho formal e informal, criando um bolsão de miséria de difícil solução e que coloca um número enorme de pessoas (hoje o cálculo está em torno de 20 milhões) em condições precárias de sobrevivência, sem trabalho, sem remuneração, sem condições de cidadania. A inclusão dessas pessoas no sistema produtivo, garantindo a geração de renda, é pauta política central para os projetos de geração de renda e emprego e as incubadoras de cooperativas populares estão entres eles. Assim, há uma proposta macroeconômica da Economia Solidária e há também uma proposta de microeconomia que se combina na ação concreta, na práxis do movimento.

Não é uma tarefa das mais fáceis. No momento, a experiência de incubação das cooperativas populares enfrenta muitos riscos e dissabores. Esse tipo de empreendimento nasce, floresce e morre com uma rapidez impressionante porque depende muito da militância e de experiências focadas de geração de renda na tentativa de construir uma forma de cooperativa vinculada à noção de economia solidária; são problemas relativos ao alcance da experiência, a sua sustentabilidade, sua generalização. Uma experiência desse tipo depende de uma rede que se autoalimente, que garanta o escoamento do que é produzido, o consumo do serviço oferecido e assim por diante. Depende de uma forma de circulação monetária que algumas vezes irá prescindir do sistema financeiro oficial. Explico: é necessário um sistema que envolva os produtores e os compradores em uma forma específica de comércio que adote a concepção da economia solidária, caso contrário, quem produz ficará sujeito às normas do mercado e terá dificuldade de chegar ao seu consumidor preferencial, e quem consome não terá como adquirir produtos ou serviços sem a mediação monetária oficial.

Fica tudo mais ou menos na mesma! A forma de escapar do circuito capitalista típico é a formação de rede que pode se dar através de clubes de troca, de sistemas de redes cooperativadas e mesmo de regiões que se disponham a uma forma solidária de produção e comércio que prescinda da relação de troca tradicional mercadoria — dinheiro — mercadoria. Enquanto não se consegue a estrutura básica para se implantar essa proposta, a cooperativa fica dependente do sistema econômico vigente.

> Lima (2011), em trabalho recente, fez uma boa análise de empreendimentos solidários buscando analisar sua durabilidade. Muitas cooperativas de produção enfrentam problemas entre o primeiro e segundo ano de existência. Outras foram bem enquanto havia algum tipo de apoio (como incentivo de uma gestão municipal) e fecharam quando o apoio foi retirado. Outras funcionam bem e garantem os recursos necessários para os seus associados. A autora identificou que uma das principais dificuldades está na crença, dos membros participantes, na sua condição de não empregados. Há elementos subjetivos que perpassam os projetos e que valorizam o emprego e o salário como condição segura de trabalho e a cooperativa como um risco. Isso é impressionante na medida em que a realidade demonstra o contrário: o emprego somente é seguro enquanto estamos empregados. Podemos ser demitidos a qualquer momento, por exemplo em função de crise financeira da empresa, independentemente da qualidade do nosso trabalho. Já a cooperativa depende do nosso empenho e do nosso esforço e quando ela passa a funcionar de maneira eficiente estaremos completamente seguros.

Lima (2011) identifica que o grupo envolvido com a experiência de economia solidária precisa acreditar nos seus princípios e confiar na sua realização. Isso implica uma reversão importante de sua experiência e de seu conhecimento sobre o mundo do trabalho, como ele se apresenta e, como nos aponta a psicologia sócio-histórica, a transformação da consciência depende da ação concreta e de base material que sustentem essa ação concreta. Ficamos em uma situação crítica, considerando que não temos experiências suficientes que sirvam para alterar uma visão de mundo, e dependemos da sua generalização para que essa visão de mundo seja alterada. Uma luta inglória e extremamente necessária.

Se esta política projetada e executada pontualmente continuar a dar resultado, teremos uma melhora substancial e, neste sentido, é fundamental que se caminhe na direção da formulação de uma política pública, como a que está pautada pela Secretaria Nacional de Economia Solidária. A despeito disso, o problema é grave, e deve ser a preocupação de todos os brasileiros. Como é possível dormir à noite sabendo da existência de um contingente enorme de pessoas que não têm o que comer, que não repõem a necessidade diária de proteína? São aquelas pessoas com renda abaixo de um dólar por dia. O que é estruturante em relação a isso? Política pública! A Secretaria de Economia

Solidária se inclui nesse sistema de política pública. Ocorre que se não pensarmos e houver escala não resolveremos o problema desses 20 milhões de pessoas abaixo da linha da pobreza e mais outro tanto que está nas franjas, o que provavelmente deve representar um contingente próximo dos 50 milhões de pessoas.

As experiências são pontuais como as realizadas nas universidades, nas instituições e elas, evidentemente, considerando o tamanho e capacidade resolutiva desse campo, não resolvem o problema da escala. A política pública é o segmento que terá a capacidade de produzir experiências em escalas e isso dependerá do peso do investimento aplicado a esse tipo de experiência.

> Há uma experiência em Belo Horizonte (MG) com a coleta de material reciclado que é uma experiência importante. Da mesma forma, em São Paulo, em Capela do Socorro, existe uma experiência com apoio de dinheiro que vem de responsabilidade social de empresa e apoio da prefeitura, que é bem-sucedida, e hoje os trabalhadores que estão lá cooperativados têm uma renda por volta de 800 a 1.100 reais por mês. Eram pessoas que até então nunca tiveram registro na carteira de trabalho e, hoje, estão em uma circunstância que se pode chamar, dentro da realidade que é a do mercado de trabalho brasileiro, confortável. Encontraram uma maneira de gerar renda e essa renda lhes garantiu cidadania. Um dos cooperativados fala da importância de ter endereço fixo, ter documentos de identidade, cartão de banco e dinheiro no bolso. Isso o faz sentir-se um cidadão, o transforma efetivamente em cidadão e o faz viver melhor.[5] Mesmo que tais experiências solidárias não apontem para a superação do modo de produção de forma radical, a experiência não é desprezível e pode trazer soluções de curto prazo que melhorem a condição de vida dos participantes.
>
> Veja o caso da agricultura familiar. A agricultura familiar aprendeu a conviver e construir o seu espaço frente ao agronegócio e hoje ela é aquela que produz o alimento que nós comemos. A soja do agronegócio foi exportada e a alface que nós comemos vem da agricultura familiar. Então, desse ponto de vista, a agricultura familiar encontrou dentro do espectro econômico um nicho que permite o desenvolvimento desse segmento. Famílias que viviam em condições

---

5. Informações extraídas da dissertação de mestrado de Bianca M. Peixoto, *Catadores de sonhos*, defendida na Psicologia Social da PUC-SP, em 2010.

precárias no campo e que, através da organização coletiva do setor (que podemos chamar de organização solidária), encontraram uma forma eficiente e economicamente rentável de se colocar no mercado agrário brasileiro.

Ocorre que esse segmento é tradicional no Brasil e se estrutura desde os tempos coloniais. Nós temos de pensar qual seria a alternativa do ponto de vista da Economia Solidária, das suas várias vertentes, seja nas formas de ocupar fábricas, seja das cooperativas como essas de coleta de material reciclado, seja daquelas pequenas cooperativas de mulheres trabalhando com costura ou com alimento ou, enfim, cooperativas de pequeno porte que vão trabalhar com um mercado bastante reduzido. São muitos os autores que neste momento se debruçam sobre o problema buscando solução, relatando experiências, discutindo alternativas como é o caso de Luiz I. Gaiger (2004); Henrique T. Novaes (2011 e 2010); Cris F. Andrada (2009); Daniel Rech (2000); Fábio Luiz Búrigo (2010); João Roberto L. Pinto (2006); João Cláudio T. Arroyo e Flávio C. Schuch (2006). Com o empenho de militantes, do segmento organizado, tanto nas entidades promotoras de experiências solidárias, quanto das prefeituras comprometidas com o campo popular, com o segmento de pesquisadores, professores e alunos das universidades, também comprometidos com uma pesquisa engajada e interessados na produção de conhecimento para o setor popular e dos trabalhadores, sonharmos que um mundo solidário é possível e sua realização está próxima.

Trabalho, solidariedade e o compromisso social da Psicologia

A discussão que procuramos desenvolver nestas páginas teve o propósito de refletir sobre o trabalho do ponto de vista crítico. Para nós isso significa discuti-lo do ponto de vista ontológico e teleológico (como trabalho concreto) e também discuti-lo na sua apresentação atual como trabalho abstrato, geralmente sob a forma de emprego, como se apresenta comumente no cenário atual. O cotejamento com a noção de solidariedade permitiu pautar uma discussão importante sobre uma alternativa em voga e bastante discutida dos projetos alternativos no campo da Economia Solidária. O propósito dessa escolha foi motivado pelo título da coleção — Compromisso Social da Psicologia. É possível que um leitor menos avisado possa se perguntar o que há de Psicologia em tudo o que foi escrito, mas afora o fato de o texto ter sido escrito por um professor de Psicologia Social, é preciso considerar que a Psicologia vai muito além da perscrutação dos mistérios da alma humana. É uma ciência que procura entender o fenômeno psicológico em todas as suas dimensões e a subjetividade é um de seus objetos centrais. Como discutimos aqui, a subjetividade não é uma mera expressão do mundo interior das pessoas, mas um fenômeno que se expressa tanto individual, como sentidos, quanto socialmente, como significados. Procuramos resgatar a importância dos significados e da constituição da nossa consciência a partir de bases materiais concretas e, ao mesmo tempo, demonstrar que ela permite a expressão humana de forma criativa, alargando suas próprias fronteiras existenciais, mas que essa possibilidade é tolhida pela maneira como se organiza socialmente a exploração do trabalho humano e se exerce o controle de classes sociais. À relação dialética produzida pelo encontro do campo de sentidos e significados e que produz uma memória social ou um repertório cultural que nos serve de referência (coisificada pelas condições históricas em que se expressam) denominamos Dimensão Subjetiva da Realidade.

> Trabalhar com a dimensão subjetiva da realidade implica a nossa capacidade de analisá-la e decifrá-la na sua origem concreta a partir de sua base material, social e histórica e, ao mesmo tempo, acompanhar a sua singularização a partir de suas configurações subjetivas nos diversos sujeitos. Pareceu-nos que a noção de solidariedade e a expressão concreta e crítica do exercício da Economia Solidária, como ela vem sendo desenvolvida atualmente no Brasil, seria um bom estudo de caso para demonstrar como a Psicologia pode abordar uma temática social a partir da análise da dimensão subjetiva da realidade. Solidariedade é ação concreta e relação social; solidariedade é significação coletiva e cultural que pode e deve acompanhar as ações e tentativas que são feitas em nossa sociedade.

O que alertamos e consideramos um campo propício para o trabalho dos psicólogos é a necessidade de não pensarmos a solidariedade apenas na sua tradução econômica, mas podermos indicar e dar visibilidade às formas de pensamento, aos valores e afetos que acompanham estas experiências, tornando-se uma dimensão subjetiva que pode facilitar ou dificultar a realização plena das experiências.

É o que estão fazendo tantos psicólogos que se dedicam ao estudo e desenvolvimento de experiências populares através de organismos mais variados (ONGs, prefeituras, fundações estatais e privadas etc.). No correr do ano de 2009, através de convênio entre universidades paulistanas (PUC-SP, Mackenzie, Santa Casa) e a Prefeitura Municipal de São Paulo, foi realizada uma avaliação do Projeto Inclusão Social Urbana Nós do Centro, que era executado em parceria da Prefeitura com a União Europeia e o governo brasileiro. Coube ao grupo de pesquisadores da PUC-SP acompanhar os projetos de Economia Solidária desenvolvidos pelo Nós do Centro, na região central da cidade de São Paulo, para avaliar sua metodologia e propor alternativas. Os resultados estão publicados em relatório denominado *O mundo do trabalho e o desafio da inclusão social: relato de uma experiência no centro de São Paulo* (2009). Citamos esse relatório para resgatar os inúmeros projetos de economia solidária analisados e a participação de muitos profissionais, psicólogos, assistentes sociais, sociólogos, antropólogos, arquitetos, pedagogos, técnicos com ensino médio que faziam o acompanhamento *in loco* das experiências etc., todos aplicando seu saber específico a partir de um trabalho multidisciplinar coletivo.

> Ressalto duas boas experiências que foram potencializadas pela astúcia e sabedoria destes técnicos que souberam ouvir a população envolvida, buscar alternativas, e avaliar as condições sociais que envolviam o problema colocado. Uma delas refere-se à baixa taxa de emprego oferecida a jovens na busca do primeiro emprego, fenômeno muito conhecido e disseminado. Quando se trata de população em situação de risco, como a moradora do centro da cidade de São Paulo, lugar com prevalência de cortiços e população de rua, o desemprego entre jovens é maior e mais preocupante. Faltam alternativas de qualidade e sobram alternativas que os levam para a zona de risco. A zona central expandida é conhecida pela baixa densidade de moradores, pela presença de organizações voltadas para o serviço que funciona no horário comercial e pela presença de restaurantes, bares e teatros. Avaliando essas condições,

os técnicos propuseram uma alternativa de qualificação desses jovens para atender a uma área com alta demanda: cenografia e iluminação para os teatros da região. Trata-se de oferta de trabalho com demanda que era solucionada informalmente pelas companhias de teatro (falta de pessoal especializado) e que oferecia aos jovens uma possibilidade de trabalho com um efetivo *glamour* (conviver com a classe teatral) e garantia de renda. Uma parceria com o Sesc Consolação, conhecido pelo seu envolvimento com mundo do teatro em São Paulo e localizado no centro da cidade, garantiu qualificação de qualidade.

Um segundo projeto que chamou atenção foi desenvolvido em parceria com a Fundação Orsa que contratava psicólogos, pedagogos, assistentes sociais e desenvolvia trabalho na região central próxima ao Bom Retiro (região das confecções e vizinho da Cracolândia). O trabalho desenvolvido com travestis, que é um público que sofre todo tipo de agressão e tem na prostituição uma das únicas possibilidades de geração de renda, também foi muito especial. Em contato com as escolas de samba, algumas com sede próxima à região, foi feito um acordo de contratação de travestis para a produção de fantasias para o desfile da escola no carnaval paulistano. Para tanto, as participantes do projeto foram qualificadas e aprenderam a costurar e a fazer fantasias. Trata-se de trabalho cooperativado que transforma as executoras em cidadãs, com direitos garantidos e com renda que garanta uma vida digna.

Nenhuma dessas experiências, e particularmente elas, é realizada sem conflitos, enfrentamentos, dissensões, desistências, crises de ordem pessoal ou coletiva. Os profissionais envolvidos, particularmente os técnicos que qualificam os jovens ou as travestis ou os futuros colegas de trabalho, não estão preparados para enfrentar as peculiaridades do modo de ser de cada componente desses projetos, constituído a partir de uma condição de vida concreta que produziu seus códigos de resistência e enfrentamento.

Lima (2011), citada anteriormente, também identificou esse tipo de problema em cooperativa de reciclagem. Os coordenadores do projeto, eleitos pelo coletivo, geralmente são aqueles que congregam experiência e confiança desse coletivo. São responsáveis pelo recrutamento de novos quadros, pela contabilidade do resultado da venda do material coletado, pela organização política do empreendimento, pela qualificação dos membros para uma experiência solidária. Não é pouca coisa! Um dos problemas enfrentados é a desistência dos novos quadros e isso se dá, principalmente, em função de uma vida mais regrada que a vivida na rua. Os catadores de sucata (latinhas de alumínio, garrafas Pet, papel e papelão, metais etc.) já vivem dessa coleta. Na cooperativa potencializam seu trabalho e organizam o ganho que passa dos quatrocentos ou quinhentos reais no máximo para novecentos a mil reais na cooperativa. Além disso, como observou Peixoto (2010), fazer a retirada no final do mês organiza a utilização da renda e permite garantir moradia e um gasto mais organizado. Entretanto, qualquer motivo banal pode significar a desistência. Parece que o apelo da liberdade da rua (ninguém manda em mim!) é maior que a oferta de uma vida mais organizada. No relato de Peixoto (2010), os cooperativados que defendem o trabalho na cooperativa dão como exemplo que ao pagar sua conta na padaria com um cartão de débito passaram a ser vistos de outra maneira e reconheceram o gesto como uma forma de inclusão. Sentiram-se respeitados como pessoa. Todos nós já presenciamos a forma como o morador de rua é tratado quando pretende comprar um lanche na padaria das zonas mais ricas da cidade: fica esperando do lado de fora e recebe tratamento, no mínimo, descortês. Portanto, não se trata de pouca coisa a nova condição de reconhecimento. Mas ela somente funciona com aqueles que já passaram para o outro lado, para aqueles que vislumbram um novo modo de vida e para quem a rua passou a ser adversa. Para os demais, a rua ainda é uma opção e a aderência ao projeto fica comprometida.

> Todas as experiências relatadas falam de formas de subjetivação ou configurações subjetivas e são formas complexas que envolvem múltiplos determinantes. O psicólogo sozinho não consegue e não tem instrumentos suficientes para analisá-las em todas as suas dimensões, mas sem a sua presença fica muito difícil uma análise consistente e completa que dê visibilidade aos aspectos subjetivos que as constituem.

Outra experiência que consideramos estratégica e representa um grande desafio é referente aos projetos de geração de renda e saúde mental. A equipe de professores ligados à área do trabalho, do quarto e quinto ano do curso de Psicologia da PUC-SP, acompanha experiências de implantação de projetos desse tipo em Centros de Atenção Psicossocial (CAPS), unidades de atendimento de portadores de sofrimento mental grave ou transtornos psíquicos, como hoje classifica a psiquiatria. Trata-se de equipamento de saúde pertencente à rede de atenção à saúde mental do SUS que preconiza o atendimento em ambiente aberto e de curta duração. Os pacientes psiquiátricos portadores de neurose grave, transtorno bipolar, esquizofrenia ou qualquer outro tipo de transtorno psiquiátrico, de acordo com as determinações da Reforma Psiquiátrica, devem ser atendidos em pronto-socorro quando em situação de crise, no hospital geral quando necessária sua medicação por maior tempo e, a seguir, será acompanhado nos CAPS até poder voltar para as atividades rotineiras. Os CAPS funcionam durante o dia e desenvolvem atividades várias. Cumprem papel estratégico neste momento, na transição do modo de tratamento manicomial (com reclusão de muitos anos) para o tratamento em sistema aberto.

A lógica da exclusão efetivada pela internação de longo prazo no hospital psiquiátrico, nos manicômios, tira da pessoa internada qualquer vínculo com a vida fora da instituição — fenômeno muito bem estudado por Goffman (1974) —, inclusive rompendo com sua vida no mundo do trabalho. A nova orientação a partir da Reforma Psiquiátrica considera que o portador de sofrimento psíquico deva ter garantida a sua condição de cidadania e isso, entre outras coisas, significa estar preparado para se autossustentar.

O projeto de geração de renda ocorre nos CAPS porque é o local frequentado pelos pacientes que voltaram para suas famílias, para os que moram em repúblicas assistidas e para os que chegam agora ao sistema e nunca estiveram internados em um manicômio.

O grande desafio é pensar projetos de economia solidária que ajudem a construir uma alternativa ao mundo competitivo do trabalho e, ao mesmo tempo, que atenda à peculiaridade da situação vivida por pessoas em diferentes situações de sofrimento psíquico.

Trata-se de uma dupla desvantagem que se combina. A primeira, já discutida aqui mesmo, diz respeito à desconstrução de uma visão de mundo que privilegia uma relação com o trabalho que é de exploração da força de trabalho. O portador de sofrimento psíquico que foi institucionalizado (passou pelo manicômio) carrega as marcas da institucionalização no próprio corpo, como é o caso do semblante assimesmado pelo uso ininterrupto de medicação psiquiátrica e pelo isolamento social por muitos anos. Nestas condições, será discriminado no mercado de trabalho (na vida em geral) e dificilmente encontrará emprego. A outra desvantagem é que a sua condição também é socialmente produzida e neste caso ela própria, na sua expressão social, denuncia a manipulação do corpo e mente do trabalhador na situação de exploração do trabalho. O sintoma psiquiátrico poderá se apresentar como recusa a uma exploração que para qualquer outro trabalhador passe por uma situação normal e condição naturalizada da condição de trabalho estranhado/realizado (alienação). A loucura, neste momento, serve como instrumento de denúncia às formas de exploração do trabalhador e de sua cooptação ideológica para um sistema de trabalho injusto.

Para melhor entendimento dessa afirmação, utilizamos um exemplo de uma situação vivida por uma paciente que acompanhamos através dos estágios. Uma moça de aproximadamente 25 anos, com transtorno psíquico não diagnosticado, trabalhava como cozinheira em um bar e o local era reconhecido pela qualidade desse produto. Um determinado dia o dono preciso se ausentar e ela passou a atender no balcão. Uma pessoa pediu uma coxinha e ela entregou o produto sem cobrar e isso ocorreu no momento em que o dono voltava presenciando a cena. Questionou a moça sobre a cobrança e esta disse que não cobrou porque a pessoa havia pedido a coxinha e não disse que queria comprá-la. Quando o dono do bar disse-lhe que ela não podia fazer dessa forma, ela retrucou que poderia sim porque a coxinha era dela. Para surpresa do dono do bar que retrucou dizendo que a coxinha era dele, ela respondeu que não, porque ela que havia feito a coxinha. Na continuidade da conversa, ela foi encaminhada ao serviço psiquiátrico mais próximo.

Vejam que exemplar essa história! Ela fica evidente por se passar em uma unidade produtiva muito simples (o bar) em que havia um só funcionário (a moça). Na sua simplicidade ou no seu delírio, ela questionou a mais-valia e a apropriação de sua força de trabalho. De quem, em última instância, é aquela coxinha? Dos dois, do proprietário do bar que reuniu as condições materiais para sua produção e da trabalhadora que a produziu com sua força de trabalho. Sem essas duas condições não haveria coxinha. Ela desmontou a lógica intrínseca do capitalismo da forma mais simples possível. Evidentemente, seu argumento foi desconsiderado e tratado como pensamento delirante. Assim, desmontar a lógica do capital é compreendido como loucura.

Essa é a segunda desvantagem, que aparece como negação da primeira. A loucura proporciona um olhar que pode ir para além da mera superfície do fenômeno e será, pela forma como a loucura é construída socialmente (Foucault, 1978), desconsiderada pelo signo da desrazão, como é interpretada socialmente a expressão da loucura. Assim, colocar o portador de sofrimento psíquico, ao menos em determinadas circunstâncias desse sofrimento, na linha de montagem de uma fábrica, é colocá-lo numa situação que ele pode não suportar. Uma positividade-negativada (o caráter de denúncia) e uma negatividade-positivada (a discriminação pela suas características pessoais) que se complementam e excluem duplamente o portador de sofrimento psíquico do mundo do trabalho.

Aqui a busca de um trabalho mais humano, autocontrolado, autogestionário e solidário pode ser a forma de romper com a dupla exclusão. A Ecosol, organização autônoma da área da economia solidária no campo da saúde mental, vem discutindo essa perspectiva e recebeu adesão de muitos serviços municipais de saúde mental e de grupos que estão militando por esta causa, como os coletivos de luta antimanicomial.

> São exemplos e possibilidades concretas de trabalho do psicólogo em circunstâncias que exigem um saber comprometido com a transformação da realidade, que envolvem um real compromisso com a transformação social em várias dimensões. A contribuição deste profissional pode se dar desde em situações que envolvem temas imediatos, até outros que necessitam de uma análise mais profunda para a identificação de conteúdos que estão velados por uma dinâmica superestrutural que contamina os sentidos e significados.

Os psicólogos podem e devem trabalhar para dar visibilidade a relações que existem entre as formas de produção social e formas de significação subjetivas, ou seja, devem trabalhar para evidenciar a dimensão subjetiva da realidade. O tema do trabalho, por ser fundamental, exige muitas vezes uma radicalidade que vai para além, muito além da superfície do problema e nos exige um posicionamento nada ambíguo: exige um real compromisso com a transformação da realidade.

BIBLIOGRAFIA

AGUIAR, Wanda M. J. A pesquisa junto a professores: fundamentos metodológicos. In: _____ (Org.). *Sentidos e significados do professor na perspectiva sócio-histórica*. São Paulo: Casa do psicólogo, 2006. p.11-22

ANDERSON, Perry. *Passagens da antiguidade ao feudalismo*. São Paulo: Brasiliense, 2000.

ANDRADA, Cris F. *Encontro da política com o trabalho*: um estudo psicossocial sobre a autogestão das trabalhadoras da Univens. Porto Alegre: Abrapso Sul, 2009.

ANTUNES, Ricardo. *Os sentidos do trabalho*: ensaio sobre a afirmação e a negação do trabalho. São Paulo: Boitempo, 2004.

ARENDT, Hannah. *A condição humana*. Tradução de Roberto Raposo. Rio de Janeiro: Forense Universitária/Salamandra; São Paulo: Edusp, 1981.

ARROYO, João Cláudio T.; SCHUCH, Flávio C. *Economia popular e solidária*: a alavanca para um desenvolvimento sustentável. São Paulo: Fundação Perseu Abramo: 2006.

BOCK, Ana M. B. et al. (Orgs.). *Psicologia sócio-histórica*: uma perspectiva crítica em psicologia. São Paulo: Cortez, 2001. p.15-35.

_____; GONÇALVES, Maria das Graças M. *A dimensão subjetiva da realidade*: uma leitura sócio-histórica. São Paulo: Cortez, 2009.

_____; CRUZ, Myrt T. (Coord.). *O mundo do trabalho e o desafio da inclusão social*: relato de uma experiência no centro de São Paulo. Santos: Brasileira, 2009.

BARTHES, Roland. *Fragmentos de um discurso amoroso*. Sao Paulo: Martins Fontes, 2003.

BOURDIEU, Pierre. *A distinção*: crítica social do julgamento. Tradução de Daniela Kern e Guilherme J. F. Teixeira. São Paulo: Edusp; Porto Alegre: Zouk, 2007.

BÚRIGO, Fábio L. *Finanças e solidariedade*: cooperativismo de crédito rural solidário no Brasil. Chapecó: Argos, 2010.

CARDOSO, F. H.; FALETTO, E. *Dependência e desenvolvimento na América Latina*: ensaio de interpretação sociológica. México: Siglo XXI, 1969.

CUNHA, Antônio G. *Dicionário etimológico Nova Fronteira da língua portuguesa*. 2. ed. e 7. reimp. Rio de Janeiro: Nova Fronteira, 1996.

DAMÁSIO, Antônio. *Em busca de Espinosa*: prazer e dor na ciência dos sentimentos. São Paulo: Companhia das Letras, 2004.

DECCA, Cláudio S. *O nascimento das fábricas*. 2. ed. São Paulo: Brasiliense, 1984.

DERAMAIX, Patrice. *Du tripalium au chagrin*, 1998. (Série Philosophie.) Disponível em: <www.bibliolibertaire.org/Textes/du_tripalium_au_chagrin>. Acesso em: 19 jan. 2011.

DESCOLA, Philippe. *As lanças do crepúsculo*: relações Jivaro no Alto Amazonas. Tradução de Dorothée de Bruchard. São Paulo: Cosac & Naify, 2006.

DICK, Philip K. *O caçador de androide*. Rio de Janeiro: Rocco, 2007.

DURKHEIM, Émile. *Da divisão do trabalho social*. São Paulo: Martins Fontes, 2008.

EAGLETON, Terry. *Los extranjeros*: por una ética de la solidariedad. Barcelona: Paidós Iberica, 2010.

ENGELS, Friedrich. *A origem da família, da propriedade privada e do Estado*. Tradução de Leandro Konder. Rio de Janeiro: Civilização Brasileira, 1975.

_____. Socialism: utopian and scientific. Disponível em: <http://www.marxists.org/archive/marx/works/download/Engels_Socialism_Utopian_and_Scientific.pdf>. Acesso em: 13 set. 2011.

FINLEY, Moses I. *A economia antiga*. Tradução de Luísa Feijó. Porto: Afrontamento, 1980.

FOUCAULT, Michel. Nietzsche, Freud, Marx. In: *Nietzsche*: Cahiers de Royamont, VIIème colloque — 4-8 juillet 1964. Paris: Éditions de Minuit, 1967.

FREUD, Sigmund. Totem y tabu [1912-3]. In: *Obras Completas de Sigmund Freud*. Madrid: Biblioteca Nueva, 1973a. t. II.

_____. El malestar en la cultura [1930]. In: *Obras Completas de Sigmund Freud*. Madrid: Biblioteca Nueva, 1973b. t. III.

FURTADO, Odair. *Da consciência crítica e da consciência fragmentada*: um estudo sobre a consciência operária. Dissertação (Mestrado) — Programa de Estudos Pós-graduados em Psicologia Social, Pontifícia Univerrsidade Católica, São Paulo, 1992.

_____. As dimensões subjetivas da realidade: uma discussão sobre a dicotomia entre a subjetividade e a objetividade no campo social. In: _____; GONZALES REY, Fernando L. (Orgs.). *Por uma epistemologia da subjetividade*: um debate entre a teoria sócio-histórica e a teoria das representações sociais. 2. ed. São Paulo: Casa do Psicólogo, 2008.

_____. Psicologia do trabalho e economia solidária: alternativas e tensões. In: CFP. *Psicologia crítica do trabalho na sociedade contemporânea*. Brasília, CFP, 2010.

_____. Dialética e contradições da construção da identidade social. In: *Psicologia & Sociedade*, v. 22, n. 2, p. 259-68, maio/ago. 2010.

_____; SVARTMAN, Bernardo P. Trabalho e alienação. In: BOCK, Ana M. B.; GONÇALVES, M. G. M. (Orgs.). *A dimensão subjetiva da realidade*: uma leitura sócio-histórica. São Paulo: Cortez, 2009.

GAIGER, Luiz I. (Org.). *Sentidos e experiências da economia solidária no Brasil*. Porto Alegre: Ed. UFRGS, 2004.

GIBBON, Edward. *Declínio e queda do Império Romano*. Tradução de José Paulo Paes. Edição abreviada. São Paulo: Companhia das Letras/Círculo do Livro, 1989.

GOFFMAN, Erving. *Manicômios, prisões e conventos*. Tradução de Dante Moreira Leite. São Paulo: Perspectiva, 1974.

GONÇALVES FILHO, José M. Humilhação social: humilhação política. In: SOUZA, B. P. (Org.). *Orientação à queixa escolar*. São Paulo: Casa do Psicólogo, 2007.

GONZALES REY, Fernando L. *Sujeito e subjetividade*. São Paulo: Pioneira/Thomsom Learning, 2003.

_____. *O social na psicologia e a psicologia social*. Petrópolis: Vozes, 2004.

HELLER, Ágnes. *Teoría de las necesidades en Marx*. 2. ed. Barcelona: Península, 1986.

HESÍODO. *Os trabalhos e os dias*. Tradução e comentários de Mary de Camargo N. Lafer. São Paulo: Iluminuras, 2008.

HOLLOWAY, Jonh. Cambiar el mundo sin tomar el poder: el significado de la revolución hoy. 2. ed. *Revista Herramienta* (Chile-Argentina), 2002.

_____. *Agrietar el capitalismo*. El hacer contra el trabajo. Buenos Aires: Herramienta, 2011.

INFRANCA, Antonino. *Trabajo, Individuo, historia*: el concepto de trabajo en Lukács. Buenos Aires: Herramienta, 2005.

JAEGER, Werner W. *Paidéia*: a formação do homem grego. Tradução de Artur M. Parreira. São Paulo: Martins Fontes. Brasília: Ed UnB, 1986.

JUNQUEIRA, Carmem. Disponível em: <http://pib.socioambiental.org/pt/povo/kamaiura/print>. Acesso em: 21 jul. 2010.

LEONTIEV, Alexis *O desenvolvimento do psiquismo*. Lisboa: Horizonte Universitário, 1978.

_____. *Actividad, conciencia y personalidad*. Buenos Aires: Ciencias del Hombre, 1976.

LESSA, Sérgio. *Mundo dos homens*: trabalho e ser social. São Paulo: Boitempo, 2002.

LIMA, Maria G. *A dimensão subjetiva das relações de trabalho na economia solidária*. Dissertação (Mestrado) — Pontifícia Universidade Católica, São Paulo, 2011.

LUKÁCS, György. *Estetica*: la peculariaridade de lo estetico, III. Barcelona: Grijalbo, 1965.

_____. *Per l'ontologia dell'essere sociale*. Roma: Riuniti, 1976.

_____. *Prolegômenos para uma ontologia do ser social*: questões de princípio para uma ontologia hoje tornada possível Tradução de Lya Luft e Rodnei Nascimento. São Paulo: Boitempo, 2010 [1971].

MARTINS, José S. *Sobre o modo capitalista de pensar*. São Paulo: Hucitec, 1978.

MARX, Karl. *O capital*. São Paulo: Abril Cultural, 1982. v. 1, t. 1. (Col. Os Economistas.)

_____. *Para a crítica da economia política*. São Paulo: Abril Cultural, 1982. (Col. Os Economistas.)

_____. *Manuscritos econômico-filosóficos*. São Paulo: Boitempo, 2008.

_____. *Elementos fundamentales para la crítica de la economía política (Grundrisse) 1857-1858*. 15. ed. México: Siglo Veintiuno, 1987.

_____. *O 18 de brumário de Luís Bonaparte*. Tradução de Nélio Schneider. São Paulo: Boitempo, 2011.

_____; ENGELS, Federico. *La ideología alemana*: crítica de la novísima filosofía alemana en las personas de sus representantes, Feuerbach, B. Bauer y Stirner e del socialismo alemán en las de sus diferentes profetas. 5. ed. Tradução de Wenceslao Roces. Barcelona: Grijalbo/Montevideo: Pueblos Unidos, 1974.

McLUHAN, Marshall. *Os meios de comunicação como extensão do homem*. São Paulo: Cultrix, 1996.

MÉSZÁROS, István. *Estrutura social e formas de consciência*. Tradução de Rogério Betton e Caio Antunes. São Paulo: Boitempo, 2011.

MITHEN, Steven. *A pré-histórica da mente*: uma busca das origens da arte, da religião e da ciência. São Paulo: Ed. Unesp, 2002.

NERI, Marcelo Côrtes (Coord.). *A nova classe média*. Rio de Janeiro: FGV/Ibre/CPS, 2009. Disponível em: <www.fgv.br/cps/crise>. Acesso em: 20 jun. 2010.

NEVES, Walter A.; PILÓ, Luís B. *O povo de Luzia*. São Paulo: Globo, 2008.

NOVAES, Henrique T. *O fetiche da tecnologia*: a experiência das fábricas recuperadas. 2. ed. São Paulo: Expressão Popular, 2010.

_____ (Org.). *O retorno do caracol a sua concha*: alienação e desalienação de trabalhadores. São Paulo: Expressão Pupular, 2011.

PAOLI, Maria Célia P. M. *Desenvolvimento e marginalidade*: um estudo de caso. São Paulo: Pioneira, 1974.

PEIXOTO, Bianca M. Catadores de sonhos. Dissertação (Mestrado) — Programa de Estudos Pós-Graduados em Psicologia Social da Pontifícia Universidade Católica, São Paulo, 2010.

PINTO, João Roberto L. *Economia solidária*: de volta à arte da associação. Porto Alegre: Ed. UFRGS, 2006.

RECH, Daniel. *Cooperativas*: uma alternativa de organização popular. Rio de Janeiro: DP&A, 2000.

REIS, Nestor Goulart. *Imagens de vilas e cidades do Brasil colonial*. São Paulo: Edusp, 2001.

ROSE, Steven. *O cérebro consciente*. São Paulo: Alfa-Ômega, 1984.

SAWAIA, Bader B. O sofrimento ético-político como categoria de análise da dialética exclusão/inclusão. In: SAWAIA, Bader B. *As artimanhas da exclusão*: análise psicossocial e ética da desigualdade social. Petrópolis: Vozes, 1999.

SINGER, Paul. Economia solidária, um modo de produção e distribuição. In: SINGER, Paul; SOUZA, A. R. *A economia solidária no Brasil*: a autogestão como resposta ao desemprego. São Paulo: Contexto, 2000.

_____. *Introdução à economia solidária*. São Paulo: Editora Fundação Perseu Abramo, 2002.

SOUZA, Jessé (Org.). *Os batalhadores brasileiros*: nova classe média ou nova classe trabalhadora. Belo Horizonte: Editora UFMG, 2010.

SVARTMAN, Bernardo P. *Trabalho e desenraizamento operário*: um estudo de depoimentos sobre a experiência de vida na fábrica. Tese (Doutorado) — Programa de Psicologia Social, Universidade de São Paulo, São Paulo, 2010.

TERTULIAN, Nicolas. *György Lukács*: etapas de seu pensamento estético. Tradução de Renira L. M. Lima. São Paulo: Ed. Unesp, 2008.

TOLEDO, Benedito L. *São Paulo*: três cidades em um século. São Paulo: Cosac & Naify/Duas Cidades, 2004.

ULRICH, Roger B. *Roman Woodworking*. Michigan: Yale University, 2007. Disponível em: <http://books.google.com.br/>. Acesso em: 19 jan. 2011.

VERNANT, Jean-Pierre. *Mito e pensamento entre os gregos*: estudo de psicologia histórica. 2. ed. Tradução de Haiganuch Sarian. Rio de Janeiro: Paz e Terra, 1990.

VIGOTSKI, Lev S. Pensamento e palavra. In: _____. *A construção do pensamento e da linguagem*. São Paulo: Martins Fontes, 2001.

_____. Desenvolvimento da memória: prefácio ao livro de A. N. Leontiev. In: _____. *Teoria e método em psicologia*. Tradução do russo por Cláudia Berliner. São Paulo: Martins Fontes, 2004.

VITAGLIANO, Luís Fernando. A Cepal no fim do milênio: a resposta aos "programas de ajustes" neoliberais. Dissertação (Mestrado) — Unicamp, Campinas, 2004. Disponível em: <http://www.cedec.org.br/files_pdf/ACEPALnofimdomilenio.pdf>. Acesso em: 10 jul. 2010.

WIENER, Norbert C. *Cibernética e sociedade*: o uso humano dos seres humanos. São Paulo: Cultrix, 1970.

WITCOMBE, Christopher L. C. E. *Women in prehistory*: the venus of Willendorf. Disponível em: <http://www.asu.edu/cfa/wwwcourses/art/SOACore/Willendorf_portfolio.htm>. Acesso em: 19 jul. 2010.

SOBRE O AUTOR

Professor associado na Faculdade de Ciências Humanas e da Saúde no curso de Psicologia e no Programa de Estudos Pós-Graduados em Psicologia Social da PUC-SP, onde coordena o Núcleo de Estudos e Pesquisa em Trabalho e Ação Social. Foi coordenador do núcleo Unitrabalho — PUC-SP — e coordenador da Região São Paulo da Unitrabalho. Foi presidente do Conselho Federal de Psicologia na gestão de 2001-2004. Coautor do livro *Psicologias: uma introdução ao estudo da Psicologia*. Membro do Instituto Silvia Lane. Desenvolve pesquisa no campo da Psicologia sócio-histórica.

GRÁFICA PAYM
Tel. (011) 4392-3344
paym@terra.com.br